卡耐基给少年的成长书

# 学会与他人相处

壹直读 · 编著

化学工业出版社

·北京·

图书在版编目（CIP）数据

学会与他人相处/壹直读编著． —北京：化学工业出版社，2023.11（2025.4重印）
（卡耐基给少年的成长书）
ISBN 978-7-122-44117-1

Ⅰ.①学… Ⅱ.①壹… Ⅲ.①人际关系-青少年读物 Ⅳ.①C912.11-49

中国国家版本馆CIP数据核字（2023）第167365号

KANAIJI GEI SHAONIAN DE CHENGZHANG SHU: XUEHUI YU TAREN XIANGCHU

卡耐基给少年的成长书：学会与他人相处

责任编辑：隋权玲　　　　　　　　　装帧设计：史利平
责任校对：李　爽

出版发行：化学工业出版社（北京市东城区青年湖南街13号　邮政编码100011）
印　　装：河北延风印务有限公司
710mm×1000mm　1/16　印张10¼　2025年4月北京第1版第2次印刷

购书咨询：010-64518888　　　　　　售后服务：010-64518899
网　　址：http://www.cip.com.cn
凡购买本书，如有缺损质量问题，本社销售中心负责调换。

定　　价：49.80元　　　　　　　　　版权所有　违者必究

# 前言 PREFACE

戴尔·卡耐基（1888年11月24日—1955年11月1日），美国著名人际关系学大师，现代成人教育之父，被誉为20世纪最伟大的心灵导师和成功学大师。卡耐基在如何调整自身情绪、保持健康心态、积极面对生活压力等方面，为人们提供了许多行之有效的指导。其经典著作《人性的优点》和《人性的弱点》对很多人产生了深远影响。这两本书的衍生书籍有很多，涉及女性、口才、交际、励志等方面，但专门以少年儿童为读者对象的却很少，事实上，卡耐基的经验对少年儿童也很有指导意义。

不合群，不愿表达，害怕交往……你是否遇到过这些问题呢？在少年儿童成长发育的重要时期，很多孩子都或多或少碰到过这样的烦恼，不知道该如何与他人相处。虽然每个人都希望自己能成为受欢迎、懂交际、收获好人缘的"人气王"，但是该如何克服自身的问题，达成这个目标，培养这些特质呢？

基于此，本书《学会与他人相处》将卡耐基相关著作中关于人际交往的部分编辑整理，从如何赢得他人喜爱、如何化敌为友、如何与家人相处等方面娓娓道来，旨在从多个角度帮孩子突破自身局限，提升社交力，让孩子能更好地融入同龄人、融入社会，成为受朋友喜欢、受老师和家人重视的社交小达人！

在本书中，每个小节都以少年儿童的"交际问题知多少（案例故事）"

开篇，提出他们的困扰和问题；接着是"案例时间"，用一些经典案例提供该类问题或正面或反面的实例；之后是"卡耐基如是说"，这个栏目结合卡耐基的相关著作内容，对这些问题加以解释、扩展，给大家以哲理性的启示；接下来是"你可以这样做"，列举具体、翔实的应对方法；理论讲完之后是"实战漫画"，用简单的小漫画模拟应用场景，并提供两种解决问题的思路和方法，让少年儿童读者在对比中更清晰、明了地进行择优。

少年儿童是人生发展和思想观念形成的关键时期，随着时代的发展，由于信息社会的影响、家庭陪伴的缺少和自我成长的偏失，不合群、不自信、负面情绪多等问题在这个时期变得多发，更需要正确的引导和帮助。基于此，我们将卡耐基作品中适合少年儿童的内容筛选出来，汇编成《学会与他人相处》《掌握演讲表达方法》《做情绪的主人》《肯定自己，超越自己》4本书，以期对处于人生重要阶段的少年儿童所面临的交际、口才、情绪、自我认知等实际问题给出切实有用的指导。

这就是"卡耐基给少年的成长书"，希望这套基于卡耐基经典、适合少年儿童阅读的丛书，能够给小读者们提供切实有用的指导和借鉴，并对少年儿童的成长和进步贡献绵薄之力！

壹直读

# 目录 | CONTENTS

## 第一章 与人相处怎么这么难？

1. 为什么我不敢融入别人？ 1
2. 总是控制不住发脾气怎么办？ 5
3. 为什么我总是忍不住打断别人？ 9
4. 如何有效地安慰别人？ 14
5. 该不该向别人吐露心声？ 19
6. 为什么我总想在言语上胜过别人？ 23

## 第二章 改变，先从自身做起

1. 突破自我，克服当众说话的恐惧感 28
2. 学会"察言观色" 32
3. 批评对方之前，先检讨自己 37
4. 远离"有毒"的朋友 41
5. 接受自己的不完美 45
6. 诚实胜过一切智谋 49

## 第三章 懂得理解和关心，结识新朋友

1. 建立美好的第一印象 54
2. 记住对方的名字 58
3. 人最希望听到怎样的赞美 63
4. 做一个好的倾听者 67
5. 谈论对方感兴趣的事 71

## 第四章　学会分享，维护朋友关系

1. 想收获，就别吝啬付出　　　　　76
2. 分享，让生活的快乐加倍　　　　80
3. 了解对方的真实需求　　　　　　85
4. 找到最适合的分享时机　　　　　89
5. 分享也要量力而行　　　　　　　93

## 第五章　没有永恒的敌人，化敌为友

1. 从友善待人开始　　　　　　　　98
2. 站在对方的立场阐述问题　　　　102
3. 把命令改成建议　　　　　　　　107
4. 不妨先说出自己的错误　　　　　111
5. 寻找共同的利益点　　　　　　　115

## 第六章　对象不同，相处原则要转换

1. 尊重父母和长辈　　　　　　　　119
2. 朋友间要"礼尚往来"　　　　　123
3. 友爱同学，礼貌待师　　　　　　127
4. 和颜悦色地对待陌生人　　　　　131
5. 善于发现"敌人"的优点　　　　135

## 第七章　不可不知的交友禁忌

1. 以谦逊代替吹嘘　　　　　　　　140
2. 再好的关系也得分清你我　　　　144
3. 别人的秘密是地雷，不要去踩　　149
4. 不可随意迁怒于他人　　　　　　153
5. 永远不要选择报复　　　　　　　158
6. 不做一意孤行的"独裁者"　　　162

# 第一章 与人相处怎么这么难？

## 1. 为什么我不敢融入别人？

我是婷婷,上小学五年级了,每个学期末老师都会给我这样的评语:学习优秀,上课守纪律,不过要是能和同学多多交流就更好了。我知道我自己的问题,课间同学们去操场上玩耍或在教室里聊天,只有我一直都是一个人坐在座位上,从来都不和别人玩。其实我很想加入大家,但总感觉很难融入进去,慢慢地也不敢再去尝试了,我该怎么办呢?

澳大利亚社交焦虑治疗师托比亚斯·艾特金斯,曾经受社交焦虑症的困扰长达十几年,他总是过于在意自己在社交时的表现,一旦以为别人对他产生了负面评价,就会开始自我责备,然后逃避。时间久了,他时常一个人独来独往,非常孤独。

有一次，托比亚斯参加的一个聚会上有自我介绍的环节，轮到他时，他紧张得说话磕磕绊绊。下场后，他忍不住想：刚刚太难堪了，所有人都看到我出丑了。为什么我连自我介绍都做不好，他们肯定会讨论我吧，我在这些人面前再也抬不起头了。以后这种场合，我再也不来了……

后面聚会的所有环节他都不记得了，他一个人待着，好不容易撑到散场，匆匆离去。

为了能摆脱和他人相处的恐惧，托比亚斯读了大量相关的专业书籍，在网站上结识了很多和他一样不敢融入别人的伙伴，并总结了众多成功克服了社交恐惧的人的经验。最后，托比亚斯终于战胜了社交焦虑，并写成了《我并不孤独》一书，现身说法，帮助更多人成功地摆脱社交困扰。

**卡耐基如是说**

世上没有一点都不胆怯、不害羞、不脸红的人，包括我自己，人人都有社交恐惧，只是程度不同，持续时间的长短不同而已。据统计，一个人能否成功，85%取决于人际关系，因此，我们不得不进行有效社交，去做一个真正意义上合群的人。

爱默生说过，世界上最让人难堪的便是畏惧。如今，我对这句话有了越来越深刻的感受，与人交际是克服畏惧、培养勇气和自信心的基本方法。即便你由于畏惧而让心理失去控制，造成胡思乱想、谈吐不清、犹豫不决，也不要丧气，因为这些对于正在尝试的人都是正常的。只要你愿意把畏惧心理降到最低，你就能逐渐习惯它、克服它。

## 你可以这样做

**怎样才能克服社交恐惧?**

**1** 为不好的记忆设置截止时间。

很多人之所以不敢融入他人,是因为之前与人交往的过程中遭受过拒绝等创伤,所以对一段新的关系会有恐惧感。这时,不妨为不好的记忆设置个截止时间,告诉自己"喂,差不多了吧?你的牢骚已经发的够多了,到此为止吧"。然后干脆利落地走出来。假如婷婷以前约小美放学一起回家被拒绝了,现在看到正走在回家路上的小美,她怎么做更好呢?

**2** 用自信代替自卑。

也有许多人因为自卑而怯于与人交往,常常认为"我不行",然后放弃努力。这时候可以多给自己一些正面信念,肯定自我价值,当你相信自己是一个"对他人很重要的人",并为之努力时,你会发现事情真的会朝这个方向发展。

假设课间婷婷看到同学们在闲聊,她想加入却又缺乏自信,怎么做更好呢?

A 算了,别凑过去了,没人会喜欢我。

B 过去看看吧,我也有很多优点的。

"我更喜欢B场景中婷婷的表现。"

**3** 做好准备,积极尝试。

现实中,比起尝试,有的人更愿意逃避,停留在心理舒适区。但实际上,逃避问题只会让人陷入更持久的痛苦,不如走出现状,做最坏的打算,并做足准备。比如在心里对各种情况做好排练,提前掌握充分的社交技巧,等等。

教师节那天大家都要上台表演节目,"胆小"的婷婷怎么应对更好呢?

## 2. 总是控制不住发脾气怎么办?

### 交际问题知多少

我叫亮亮,今年十岁了,上小学四年级。我有个苦恼,那就是我总是没办法控制好我的"暴脾气"。比如,我想跟同桌借橡皮用,他不借给我,我就会动手推他;有时候我不遵守课堂纪律,班长把我的名字记在黑板上,我会很生气地大叫;最严重的一次,上围棋课的时候我的椅子倒了,班里有同学嘲笑我,我就和他打了起来。事后我总是很后悔,究竟该怎么控制我的坏脾气呢?

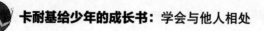

卡耐基给少年的成长书：学会与他人相处

受人爱戴的林肯总统也曾有控制不住自己"脾气"的时候。

1842年，年轻的林肯正在伊利诺伊州做执业律师，他当时非常看不惯一位名叫谢尔兹的爱尔兰政客。有一次，林肯给斯普林菲尔德日报寄了一封讽刺谢尔兹的匿名信，惹得全镇人哈哈大笑。谢尔兹带着满腔愤怒调查清楚了写信的人，找到林肯，要和他决斗。

决斗当天，林肯和谢尔兹来到密西西比河的沙滩上，抱着必死的决心准备生死一战。就在千钧一发之际，他们两个人的朋友们闻讯赶来，制止了这次决斗，惨剧才得以避免。这件事给了林肯极大的教训，从那以后他再也没有侮辱、讽刺过他人，很好地控制住了自己的情绪。

1863年，葛底斯堡战役爆发，林肯命令米德将军出兵拿下罗伯特·李将军，结束战争。然而米德将军却因为犹豫不决，错失战机，导致李将军逃脱。

林肯怒不可遏，他愤怒到了极点，给米德将军写了一封信，信中的措辞十分严厉：战争没有结束，这全都怪你，米德将军，我对你极为失望！

然而林肯并没有寄出这封信。林肯离世之后，人们在他的遗物中发现了这封信，才知道了这件事情。

或许，当时林肯在写完这封信之后，情绪已经恢复平静，他知道寄出这封信并不能改变什么，反而会伤害米德将军。所以他才放下信，放下了愤怒。

我过去常常将自己的坏脾气归咎于他人,但当我年龄渐长,智慧渐增,我意识到,归根结底,自己才是一切烦恼的罪魁祸首。就算我无法阻止别人的所作所为,但至少有一件重要的事情是掌握在我自己手中的——我可以决定是否要让这些事情影响到我。

辅佐过六位总统的伯纳德·巴鲁克曾说:"没有一个人有本事羞辱我或激怒我,因为我不允许。"当你沮丧、愤怒时,你就给了情绪掌控你的权力——掌控你的饮食、睡眠、健康和快乐。因此,若要培养幸福安宁的心境,请记住,永远不要沉浸在自己的坏情绪中,因为这样不论对你还是对别人,都会造成巨大的伤害。

**我们应该怎样管理自己的坏脾气?**

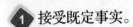

冷静地接受吧,接受既定事实是走出坏情绪的第一步。很多时候,事情本身并不能决定我们的情绪,它是由我们对事情的反应决定的。无论如何,坏脾气都无法帮我们解决问题,只会让事情越来越糟。

当亮亮向同桌借橡皮却被拒绝时,他怎么做更好呢?

### 2 避免正面对别人发脾气。

如果是遭遇了别人不合理的对待，就算接受了既定事实，我们心里还是不可避免地有糟糕的情绪。这个时候，切记不要正面对别人发脾气，不要和对方产生争执，因为那样只会引发对方的反感，让事情越来越糟，不妨用婉转的暗示来提醒对方。

假设亮亮跌倒出糗了，同桌肆无忌惮地笑话他，他怎么做更好呢？

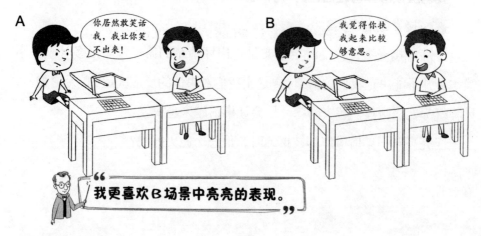

### 3 反思和改变自己。

如果问题出在我们自己身上,那么比起发脾气,我们更应该做的是反思自己,改变自己。当你怒火中烧时,不妨停下来想一想:我并不完美,或许对方对我所做的并没有错,我应该充满感激,并试着改变。

亮亮扰乱了课堂秩序,班长将他的名字写在黑板上,他怎么做更好呢?

我更喜欢B场景中亮亮的表现。

## 3. 为什么我总是忍不住打断别人?

**交际问题知多少**

我是婷婷的同班同学小美,很多人都夸我热情、活泼,可是我却没有多少朋友,愿意和我聊天的人也很少。记得刚入学的时候大家可爱找我玩了,可时间久了，大家渐渐就不愿意和我聊天了。为此我困惑了很久，问了婷婷才知道，原来是因为大家都不喜欢我打断别人说话的毛病。可别人说话时，我还是会忍不住插话，这该怎么改正啊？

有一次，俄罗斯总统普京接受奥地利 ORF 电视台新闻主持人沃尔夫的专访。采访中，主持人不停地打断普京说话，普京最后忍不住发怒："拜托，请让我把话说完。"

当普京在回答关于马航 MH17 空难事件的问题时，还未说完，主持人就打断他，问他个人对这件事的看法。普京回答："如果您保持耐心，听完我的话，那么您就会知道我关于该事件的看法了。可以吗？"

但普京还没有结束回答时，主持人又换了一种方式提同样的问题，普京说："稍等，别着急。让我说完，否则我们这就不是采访，而是您的独白了。"

在主持人连续提出了几个类似的、关于俄方 2014 年在克里米亚部署军事力量的问题时，普京无奈地说："等一下，让我说完。您是想一直提问还是想听我回答？"

可这样的打断并未停止，普京不得不直言："您知道吗？如果您不喜欢我的答案，那就不要问我问题。但是如果想要听我的观点，那您就耐心一点，让我讲完。"

在这次时长 45 分钟的采访中，普京至少提出了 5 次"让我把话说完"的请求，主持人不礼貌的做法除了让当事人感到不满，就连观看采访的观众都感叹主持人太没礼貌，甚至有观众指出：普京总统太客气了。

之所以打断别人说话,有的人是想发表一下自己的观点,只是性子比较急;有的人是爱表现,以自我为中心;还有的人是因为自己曾经多次被打断,于是效仿这种打断别人的模式。但无论如何,这都是一件不礼貌的事。哥伦比亚大学校长白德勒曾就这种人说过这样的话:"这种人没有教养,简直不可救药!"

假如你希望人们都躲着你,一看见你就跑得远远的,在背地里嘲笑你,讽刺你,假如你真的希望这样,我可以告诉你一个很好的方法:当别人对你们正谈论的事情发表自己的观点的时候,立刻打断对方,不要等对方把话说完。因为你打断别人的这种做法,你的突然插话,只能让人不得不闭嘴,同时对你非常不满。

**想要打断别人说话时应该怎么做?**

1. 尊重他人,安静倾听。

耐心地听人把话说完,是对他人最基本的尊重。哪怕对方所说的事情你真的不太感兴趣,或者突然有自己的意见,也要先耐心听别人讲完,礼貌地回应后,再表达意见、转换话题。如此,既能表现出自己的修养,又会让对方觉得你很重视他。

卡耐基给少年的成长书：学会与他人相处

婷婷和小美在宣传栏看美术作品，小美突然发现其中一幅是自己认识的人画的，而此时婷婷正在说话，她怎么做更好呢？

2. 事出紧急时，礼貌打断。

有的时候事出紧急对方还在喋喋不休，或者你必须要补充你的看法所以不得不打断别人说话，你可以挑选对方稍微停顿的时机，用礼貌的语气提醒对方，比如："不好意思，打断一下"或者"请问，我可以说一句吗"，待得到许可之后，再将你的话简洁明了地表达出来。

班主任张老师正在给大家开会，这时小美着急要去洗手间，她怎么说更好呢？

第一章 | 与人相处怎么这么难?

**3** 原则是非问题,立即打断。

有些打断,是必要的,甚至会让人叫好。例如在一次宣传会上,主持人介绍甄子丹是美国明星,甄子丹立即打断她,强调自己是中国人,赢得了很多观众的支持。在面对大是大非问题时,我们宁可选择"不礼貌的行径",也要捍卫真理和正义。

如果班里成绩不好的壮壮在背后说张老师的坏话,被小美听到了,小美怎么做更好呢?

## 4. 如何有效地安慰别人？

### 交际问题知多少

我叫壮壮，同学们亲切地叫我大壮，跟同学相处久了，却有很多人说我"冷血"，说我不懂得安慰人。但是我觉得我已经很努力地去安慰朋友了啊，遇到别人向我倾诉，我会说"这真是太糟了""你真不幸""下次会好的""我懂你的感受"……可是为什么说完这些,大家反而觉得我冷漠呢?到底应该怎样简单有效地安慰别人呢?

有个叫珍妮的女孩,从小在少年儿童中心学习舞蹈,她舞跳得很好。一次,电视台去少年儿童中心选小舞蹈演员,珍妮踌躇满志地去参选,却没有被选上。原因是节目组需要长头发的孩子,而珍妮刚刚剪了短发。

珍妮非常伤心,跑去向好朋友贝拉哭诉。

贝拉听了,安慰道:"好啦,别难过啦,下次还有机会。"

珍妮更加难过了:"以后的机会还不知道在哪儿呢!况且又不是因为我跳得差,仅仅因为我剪了短发。"

贝拉摊了摊手:"我懂,我懂,可事情已经这样了,让它过去吧。"

珍妮露出了难以置信的神情:"你怎么会懂?我为了练舞吃了那么多苦,这次机会又那么难得!"

贝拉回应道:"你就是这次没有被选中而已啊,以后还可以继续跳舞,你看我,我一直想学钢琴,却被父母要求必须学画画,我比你还要悲催。"

珍妮此时已经没有任何倾诉的欲望了,她拿起包离开了。留下疑惑万分的贝拉,自己有哪句话说得不对吗?

回到家,珍妮将这件事告诉了妈妈,妈妈安静地听她说完,什么也没说,抱了抱她,然后告诉珍妮:"宝贝儿,看到你伤心,妈妈真的很难过,我们明天去买一顶披肩的假发吧,戴上它,妈妈带着你,再试着去节目组报个名。"

珍妮不敢置信地望着妈妈,一把搂住她,高兴得说不出话来。

寻求安慰是人的普遍心理需求。美国心理学家亚伯拉罕·马斯洛曾提出过需求层次理论,他认为归属和爱的需求是人类本能需求之一,这种需求的满足可以使我们免于孤独和冷漠的侵扰,获得内心的温暖和宁静。因此,当我们脆弱的时候,来自身边信赖的人的安慰能抚平我们内心的伤痛。

安慰他人需要共情,即设身处地体验他人的处境,对他人的情绪、情感具备感受力和理解力。但人们通常将共情误解为同情,或者是流于表面的理解,这会让你的安慰适得其反,让朋友离你更远。事实上,安慰并没有太多套路,你只有真诚地尝试理解别人的感受,才有可能有效地安慰别人。

**应该怎么有效地安慰别人?**

**1 倾听,并给出回应。**

安慰他人的第一步,是理解对方的情绪,认真地倾听,并在适当的时候肯定对方的情绪,这比上来就安慰要好得多。失意的人想要的不过是一个能抒发自己情绪的机会,他需要诉说自己的烦恼,有人倾听并有所回应。

第一章 | 与人相处怎么这么难？

例如在班级"小霸王"王超竞选班长失败时，壮壮怎么安慰他更好呢？

> 我更喜欢B场景中壮壮的表现。

**2** 陪伴是有力的安慰。

就像开心的时候，我们希望有人能分享自己的快乐一样，难过的时候，我们也希望有人能陪伴在自己身边，帮自己度过艰难的时光。所以，一个人心情低落的时候，是需要陪伴的。你可以一句话都不说，默默地陪在他身边就行了。这会告诉对方，他并非一个人。

设想一下，如果王超挨了班主任的批评，向壮壮诉苦，壮壮怎么回应更好呢？

卡耐基给少年的成长书：学会与他人相处

**3** 通过实际行动分忧解难。

安慰人的最后一步，就是通过实际行动替对方分忧解难。当你设身处地地站在对方的立场上为他考虑问题时，你自然就知道能为他做些什么。正如直接为对方倒一杯热水比说"喝点热水吧"更有效果，实际行动也比说一句"没事的，都会过去的"更有力量。

快期末考试了，王超非常担心自己又考砸了，面对好友的忧虑，壮壮怎么安慰他更好呢？

## 5.该不该向别人吐露心声?

**交际问题知多少**

我是刚换了学校的转校生,我叫冬冬,换了新环境之后,原来的同学、朋友都不在身边,多少有些不适应。为了尽快地和大家打成一片,我把自己的很多心事、秘密拿出来和新同学们分享,遇到烦恼的事也向他们倾诉,可是没多久我发现,大家反而离我越来越远了,这是怎么回事啊?

**案例时间**

森林里,狐狸垂涎刺猬很久了,但只要狐狸一靠近,刺猬便蜷成一个大刺球,狐狸一点办法都没有。

一天,有一只乌鸦落在刺猬旁边休息,和刺猬聊天,乌鸦很羡慕刺猬有这么好的铠甲,便将它的一身硬刺好好夸奖了一番。

刺猬早就想和乌鸦交朋友,又被乌鸦如此吹捧,有点飘飘然,忍不住对乌鸦说:"乌鸦老弟,其实我的铠甲也不是没有弱点,当我将全身蜷缩起来时,腹部还有一个小眼露在外面。如果朝那个小眼吹气,我受不了痒,就会打开身体。"

乌鸦听了十分惊讶，原来刺猬还有这样一个小秘密。刺猬说完后，又觉得不妥，千叮咛万嘱咐，让乌鸦不要把自己的秘密透露出去。乌鸦信誓旦旦地跟它保证，绝对不会告诉其他动物。

但是乌鸦在一次闲聊中说漏了嘴，把刺猬的这个秘密告诉了它最好的朋友喜鹊，后来，喜鹊又不小心告诉了大雁，大雁告诉了百灵，百灵告诉了松鼠……

不久，松鼠一不小心落到了狐狸的手中，为了求生，它把刺猬的秘密告诉了狐狸。

结果可想而知，狐狸找到了蜷起来的刺猬，向它腹部的小孔里吹气，受不了痒的刺猬不得不打开了身体。

眼看着即将成为狐狸的美餐，刺猬绝望地大喊："乌鸦，我那么信任你，你为什么要出卖我！"

生活中，我们经常会过度地表露自我，甚至是对交情一般的人。不可否认，有时候自我表露能够加深彼此的关系。良好的表达力可以让人倾心于你，让你结交到更多的朋友，但前提是对方得对你主动分享的信息认同、理解，如果对方对此漠不关心，这样的自我表达就会令你感到受伤，甚至产生羞耻感。

事实上，贸然地将自己的私密事说给不熟的人听，一方面会给自己带来麻烦，甚至是危险，你得小心提防别人是否会利用自己的"秘密"；另一方面也会让陌生的对方感到尴尬和难以接受，对方也许并没有和你交换信息的打算，你的自我表露却在逼着对方表态，最后很有可能让人对你避之不及。

**应该怎么正确地向别人吐露心声？**

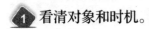 看清对象和时机。

我们要了解对方是什么样的人，切记不是对所有人都可以言无不尽。对于初次相识的人说三分话，只有对亲密、可信赖的朋友，才可以将真正的想法表露出来。当然，吐露心声也是要看时机的，比如可以给对方一个暗示，看对方的反应，如果对方表示不感兴趣，那就先不要着急表达自己。

冬冬从操场回来，发现书包里这个月的零花钱丢了，他很着急，向谁吐露更好呢？

卡耐基给少年的成长书：学会与他人相处

**2** 避免交浅言深。

交浅言深是指和交情一般的人进行深谈，这是人际交往的大忌。首先，由于交情一般，对方对你的"深入"表达并不一定很感兴趣；其次，你无法预测对方是否会把你的"秘密"泄露出去。如果想通过吐露心声拉近双方的心理距离，不妨选择真诚又对你无害的内容。

班主任让冬冬上台做自我介绍，冬冬想和大家尽快成为好朋友，他怎么介绍自己更好呢？

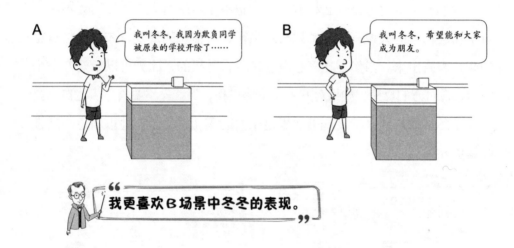

**3** 逐步建立亲密关系。

心理学的研究表明，心理暴露行为会唤起对方的心理暴露，有助于增进两人之间的友谊。但人与人关系的发展，从陌生到亲密是需要有发展过程的，在交情尚浅的时候，双方应该审慎、节制、渐进地透露自己的信息，避免由于表露太快而引起不适，以便逐渐建立起稳定的亲密关系。

设想一下，如果冬冬想要拉近和王超的关系，他怎么说才能让对方更好地感受到自己的真诚呢？

## 6. 为什么我总想在言语上胜过别人?

### 交际问题知多少

我叫王超,是班里的"小霸王",生活中除了成绩不太好,其他方面我都争强好胜。别的还罢了,有一方面让我非常苦恼,那就是与别人说话我总要争个上风,一旦有人反驳我,我就控制不住地想胜过对方……搞得大家说话的时候,一看见我来了,就心照不宣地集体不说了。我该怎么办呢?

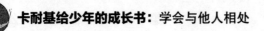

卡耐基曾经和人们分享过他的一次经历：

"一天晚上，我参加了为史密斯爵士举办的晚宴。当时，坐在我旁边的一位先生给大家讲了一个很幽默的故事，并且引用了一句话'谋事在人，成事在天'。

"这位先生指出这句话出自《圣经》。可是我知道他错了，我非常肯定我知道那句话的来历，为了显示我丰富的学识，满足我的优越感，我立刻纠正了他的错误。那人当下反唇相讥：'什么？出自莎士比亚？不可能的……那句话出自《圣经》。'他坚持他是对的。

"这位讲故事的先生坐在我右边，坐在我左边的是研究莎士比亚的我多年的老友法兰克·贾蒙。因此，讲故事的先生和我，都同意把这问题交给贾蒙去裁决。贾蒙在桌下踢了我一脚，然后说：'戴尔，是你记错了，这位先生才对，那句话出自《圣经》。'

"回家路上，我对贾蒙说：'你明知道那句话出自莎士比亚，为什么还说我不对呢？'

"贾蒙回答说：'是的，一点儿也不错，那出自莎翁的作品《哈姆雷特》第五幕第二场。可是，戴尔，我们都是宴会上的客人，为什么一定要找出另一个人的错误，让人家不高兴呢？况且人家并没有征求你的意见，也不需要你的意见，你又何必跟他抬杠呢？最后我要告诉你，戴尔，永远避免与他人发生正面冲突。那才是对的！'"

"永远避免与他人发生正面冲突!"说这句话的人虽然已经不在人世了,可是他给我的教训长存不灭。自从我听了好友法兰克的话后,我亲自看过、参与过数千次辩论会,并得出了这样的结论:世界上只有一种在争论中获得胜利的方法,那就是尽量避免与他人发生争论。

"使一个人口服是容易的事,而让他人心服却很难。"大部分的争论,结果只能是使双方比以前更相信自己绝对正确。要知道,争论中永远不会有真正的赢家,如果在争论中失败了,那当然就败了;如果你在争论中取得了胜利,就其本质而言你依然是失败的,因为对方会因为你使他失了颜面而怨恨你。

所以,在生活中赢得他人同意的第一项规则是:在争论中,获得最大利益的唯一方法,就是避免争论。

**应该如何控制语言上的"好胜心"?**

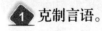克制言语。

人际关系的高手,往往都懂得在言语上的克制,他们不会以一种盛气凌人的架势压倒你,让你感到尴尬和愤怒。所以,当对别人有意见时,不妨克制自己的言行,呈现一种谦逊的姿态,这样言语之间,才会让人如沐春风,感到舒服。

王超听见壮壮在预测考试题目,他并不认同,怎么表达更好呢?

> 我更喜欢B场景中王超的表现。

### 2 摆脱好胜心。

一个人在言语上有好胜心,就会陷入争高下的怪圈,特别在意输赢。当出现不同的观点时,我们应该摆脱好胜心,为了真正的知识而争论,而不应该为了压倒他人而争论。与人交流时,积极寻找共识、乐于承认不足,树立这样的观念:驳倒他人不是最重要的,获得更清晰的认知才是更有价值的。

王超和同学关于文言文"也"的意思出现了不同意见,他怎么表述更好呢?

### 3 适时地认输。

并不是所有的争论都会有好的结果，如果争论赢了会伤害彼此之间的感情，那不妨学会低头认输。懂得在恰当的时候认输并不是一件丢面子的事情，反而是一种大智大勇的做法。所以，如果和别人起了争执，在不伤害原则的情况下，不妨把无谓的胜利让给对方。

如果王超和壮壮起了争执，他怎么做才能化干戈为玉帛？

# 第二章 改变，先从自身做起

## 1. 突破自我，克服当众说话的恐惧感

**交际问题知多少**

我是婷婷，虽然我交了新的朋友，也能和大家说上话了，可我还有一个苦恼，那就是一旦要我上台讲话或者做演讲，我就特别紧张、害怕。看到台下那么多人，我总是大脑一片空白，说话也磕磕绊绊的，我感觉台下的人都在笑话我。真不知道应该怎么摆脱这种当众说话时的恐惧感！

**案例时间**

万斯毕业于巴黎比尤克斯艺术学院，后来成为世界知名保险公司的副总裁。几年前，他被邀请出席一个2000多人参加的大会，并发表演讲。

为了做好这次演讲，万斯将演说内容写下来后，背得滚瓜烂熟，然而不幸的是，当万斯走上演讲台开口讲话的时候，他怯场了。

他说："我这个计划中的任务是……"他脑子里突然一片空白，后面就说不下去了。他慌张地朝后退了两步，试图重新开始，可是他第二次卡了壳，于是他又向后退了两步，准备再次从头开始，但第三次他依然说不下去。演讲台大约四英尺（1.2192米）高，距墙约五英尺（1.524米），后边没有栏杆，当他第四次向后退的时候一脚踩空，跌落到了台下。

这个突然的意外引得在场的人哄堂大笑，有一个人还笑得从椅子上翻了下来。听众还以为这是事先安排好的幽默演出，但对万斯来说，那是他一生中最尴尬的时刻，他感到非常丢脸，甚至向协会递交了辞职报告。万斯的上司并没有批准，而是想办法帮助他重建自信。

过了几年，万斯已经成为这个协会最出色的演讲人之一，他说，他已经习惯了面对那么多人的恐惧感，他不再死记硬背演讲稿，而是自信而自然地去演讲，所以他的演讲才会变得那么富有人情味。

学习当众说话是克服畏惧、培养勇气和自信心的基本方法，因为公开演说时我们需要控制住自己内心的胆怯，而只有这样，我们才能有勇气在公共场所开口讲话，并一步步地提升自己的演说水平。

抬头挺胸，正视听众的眼睛，然后理直气壮地讲话，让人感觉好像你是在场每个人的"债主"，如果你"假装"勇敢，渐渐地，恐惧就真的不见了。战胜对当众说话的恐惧吧，这将为我们的命运带来重大转折，你会发现，你实际上比你想象中更加出色，克服当众说话的恐惧感会使我们超越自我，走向精彩。

**克服当众说话的畏惧感的方法：**

**1 适应畏惧心理。**

事实上，怯场的不光是你一个！大多数学生在登台时都会为怯场而烦恼。而适当的怯场心理对演说是有好处的，如果你能适应它、控制它，那么你的思维将会更加敏捷，表达会更加顺畅。所以，开始时要假装什么都不怕，硬着头皮做下去，做得多了，就会成功克服当众说话的畏惧感了。

婷婷上台后怯场了，她该怎么自我调整心态？

第二章 | 改变，先从自身做起

**2 做好充分的准备。**

林肯说过："假如我没有准备，也一定会遭遇尴尬。"如果你想树立和提高信心，进行充分的准备是必不可少的。例如认真思考你演说的主题，将你关于主题的零碎想法和观念整理出来，然后有逻辑地写在纸上。当然，你越熟悉、越感兴趣的主题，你的自信心也将越足。

婷婷正在参加学习委员竞选，下面哪种表现可以看出她做好了准备？

**我更喜欢B场景中婷婷的表现。**

**3 不断地练习。**

对于初学者，公开演说比学习开车和打乒乓球还难以找到状态。要想快速地找到状态，只有一个方法：不断地练习！所以，当你对当众说话的逻辑顺序有了把握之后，还需要多次彩排。你可以在面对朋友的时候，将演说内容里的一些观点与朋友闲聊，查缺补漏。

如果婷婷为了巩固练习想在小美面前进行演讲彩排，她怎么说更好呢？

卡耐基给少年的成长书：学会与他人相处

## 2. 学会"察言观色"

### 交际问题知多少

我叫亮亮，昨天爸爸妈妈训了我一顿，说我没"眼力见儿"，不懂得察言观色。虽然心里很委屈，但是我发现这确实是我的一个问题，很多事情我都后知后觉，甚至注意不到，比如：跟别人借东西时，完全看不出别人不想借给我；小伙伴已经生气了，我却浑然不觉；爸爸妈妈怄气了，我还要他们带我去吃饭……这应该怎么改变呢？

有这样一位记者。公司派他去采访某知名足球队,他兴高采烈地赶过去。一进门,休息室里气氛沉闷,教练铁青着脸,双眼圆睁;队员们耷拉着脑袋,垂头丧气。

但这名记者丝毫没有察觉到异样,他依然拿出事先整理好的问题,开始采访教练和队员。采访全程都没有人配合他,当问到对最近几场比赛有什么心得时,教练终于忍不住了,把这名记者赶了出去。事后,他才知道,原来球队刚刚在比赛中吃了败仗,大家情绪都不好,他却不识趣地硬去采访,没挨骂就算是万幸了。

吸取了这次事情的教训,记者明白了察言观色的重要性。后来公司又给了他一次机会,让他去采访一位知名艺人。

他按照约定的时间来到艺人的家里。这次,记者注意到,这名艺人虽然客气地把他迎进了家中,但眼睛却一直盯着手表,谈话时也心不在焉的。记者当下明白,自己的来访一定是打扰了这位艺人某件重要的事情。于是,他当下表示:"您一定很忙。我就不打扰了,过两天我再来采访您吧!"

就这样,这名艺人心怀内疚地把记者送了出来,并主动在两天后约了他继续进行那次未完的采访,还积极回答了很多自己以前没有谈论过的问题。这名记者拿到了第一手资料,也受到了公司的表扬。

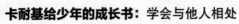

每当见到陌生人,我们都会下意识地观察对方的表情,这是因为在潜意识里,我们想在陌生的脸上找到自己熟悉的细节,以增加亲切感。我们也希望从表情判断陌生人的基本性格,以确定是否对其有好感。

察言观色是对对方的神态表情、肢体动作、语调语气的变化进行捕捉和判断,了解对方内心真实想法的过程。能设身处地为他人着想、了解别人心里想些什么的人,永远不用担心未来。要知道有些人可能从外表看起来波澜不惊,但是总会有一些细节的地方,一些下意识的动作和表现是无法隐藏的。聊天的时候多听对方说,重要的是让对方放松,放下对你的心理防备,以便我们察言观色,明白对方的真实想法。

**如何练就察言观色的能力?**

子曰:"三思而后行。"我们在做任何事情的时候都需要考虑清楚,在开口说话时更要谨慎一点,避免祸从口出。如果不确定对方的性格、喜好,最好少说话,以免犯人忌讳。待仔细观察后,可以先在自己的脑袋里演示一遍,确定对方能听得进去,万无一失,再说出口。

在小区里,同校的小美向亮亮打招呼,在不了解小美的情况下,亮亮怎么回应更好呢?

2 听懂言外之意。

谨慎说话的同时，要用心听对方说的话，注意别人说话时的语气和说话的方式，思考对方为什么会这么说，从而弄明白他人的话里面隐藏的潜台词，领悟对方说话的真实意图。比如，你向他人借一样东西，他人顾左右而言他，你就应该知道，对方是不乐意向你借这样东西的。

如果亮亮向其他班的冬冬借扫帚，冬冬委婉拒绝时，亮亮怎么回复更好呢？

### 3 观察神情举止。

在交流过程中要察言观色，多观察别人的表情、肢体动作，因为表情比语言更能表达一个人内心的动态。另外，一个人说话的速度、说话的音调、说话的节奏也能帮助我们揣摩对方的心理。如说话快的人突然慢下来，那他可能有些不满；音调不自主地提高，则有可能是在反对他人的意见。

考试成绩出来了，张老师叫亮亮去办公室。看到张老师阴沉着脸，亮亮怎么应对更好呢？

"我更喜欢B场景中亮亮的表现。"

## 3. 批评对方之前，先检讨自己

**交际问题知多少**

我是壮壮，最近有个问题困扰着我：究竟该怎么正确地指出别人的缺点呢？作为王超的好朋友，他调皮捣蛋我早就习惯了，可最近张老师让我和王超互相监督，出了错两个人一并处罚。这下可惨了，我每次指出王超的错误时，王超都很排斥，甚至和我大吵了几次。可我们已经被罚了很多次了，总被同学们笑话，该怎么办呢？

卡耐基曾讲过这样一段经历：

"我有一个侄女，名叫约瑟芬。几年前，她离开位于堪萨斯城的家，到纽约来做我的秘书。那时候约瑟芬19岁，3年前毕业于一所中学，工作经验少得可怜。但现在，她已经是一位很能干的秘书了。

"刚开始的时候，她确实有很多地方有待改进。有一次，我刚想开口批评她，就制止了自己，我在心里这样对自己说：'慢着，且等一等，戴尔·卡耐基。你要知道，你的年纪比约瑟芬大一倍，你也有超过她一万倍

的处事经验。你怎么能要求她和你一样,具有准确的想法和判断力呢?戴尔,你想一想,在你19岁的时候,你做了些什么?难道你忘了你那些笨拙、愚蠢的错误了吗?'

"从公正的角度想过这些后,我发现约瑟芬比我19岁时要强多了。从此以后,每当约瑟芬犯了错误,我总是这样指出来:'约瑟芬,你犯了一点错,可是老天爷知道,我犯过比你更严重的错误。人不是生下来就能做好一件事的,那是需要经验积累的。而且,你比我在你这个年纪的时候,无论能力还是态度,都要强多了。我自己曾经犯过很多可笑的错误,我从来不想批评你,或是其他任何人。可是,你难道不觉得,还有一种更聪明的方法吗……'"

## 卡耐基如是说

"多一分心力去注意别人,就少一分心力反省自己",当别人有缺点或过失时,我们自己可能也在犯同样的错误,可是很多时候,我们忙着指责别人,却忘了检讨自己。因此,在指责别人前,我们不妨先反省一下自己,看看自己有没有犯同样的错误,然后才有资格去批评别人。

但是轻易不要批评别人,就算必须指出别人的问题;而这个时候,更需要注意方法,否则不但别人不能接受,还会影响彼此的关系。批评别人之前,可以先谈谈自己的错误,这样会使自己与对方处于一个平等的地位,而不是居高临下的位置。先承认自己的不完美,别人心里会更舒服一些,大家也更容易沟通。

**如何恰当地指出他人的缺点？**

① 从称赞开始。

通过赞美他人的优点，可以让他人拥有一个好心情，不至于在你接下来指出他的缺点时愤懑不已。人们都喜欢听赞美的话，但前提是你的赞美必须是真诚且真实的，这要求你有一双善于发现别人优点的眼睛。

王超因为壮壮批评他生气了，壮壮想让张老师出面调解，他怎么和老师交流更好呢？

② 间接指出过错。

指出他人的过错，是一个技术活，稍不注意便会得罪人，因为没有人

卡耐基给少年的成长书：学会与他人相处

喜欢听别人说自己的不好。所以，指出他人的过错，就需要一个技巧——委婉，间接地指出他人的过错，给他人留足面子，才不至于引起别人的反感。

如果晚自习时，王超总是大声说话，壮壮怎么指出来更好呢？

我更喜欢B场景中壮壮的表现。

**3** 先谈自己的错误。

面对同一件事，处理方法不同，结果也就大不相同。如果你认定"我没错"，那么所有的错误都是对方的，可想而知，对方一听你这话，势必与你据理力争；如果批评者打从一开始就先谦虚承认自己的错误，然后再指出别人的错误，那么对方就会觉得自己也不是无可指责的，情况就会好很多。

王超把壮壮的饭卡弄丢了，壮壮想指责王超，他怎么说更好呢？

## 4. 远离"有毒"的朋友

### 交际问题知多少

　　我是冬冬，我的邻居小浩真是让人头疼，嘴碎，自私，又爱找我诉苦水。自从我们偶然认识后，他就总来找我玩，开始我们玩得还挺开心，但慢慢我发现他总是拿走我的玩具，拿了也不还，还总把他的苦恼和委屈发泄给我听。我现在和他在一起一点都不开心，真想在家时能清净啊，该怎么办才好呢？

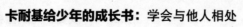

艾丽丝和贝拉认识好几年了,最近贝拉开了一家冷饮店,时值夏天,客人比较多,贝拉便想到要艾丽丝来帮忙招待客人。

艾丽丝正在准备毕业答辩的论文,刚写到一半,就接到了贝拉的电话。扔下手头的论文,她赶到冷饮店,帮着贝拉打理起了店里的生意。

刚开始的几天,艾丽丝都是白天帮她忙店里,晚上加班弄自己的毕业论文。但是几天过去了,没办法好好休息的艾丽丝感到太累了,她确实没办法二者兼顾。所以在贝拉再次打来电话的时候,艾丽丝表示自己比较累,需要在家休息一下,把论文赶出来。

贝拉却显得有些生气:"咱们都多少年的感情了,让你帮我几天,你还推三阻四,这样有意思吗?"

艾丽丝觉得很尴尬,她不是不想帮贝拉,而是自己确实很累了。但贝拉却丝毫不体谅她,只一味强求她去店里帮忙。

最终,精疲力竭的艾丽丝在毕业答辩中出现了一个重大疏漏,差点无法弥补,受到了教授的严厉责罚。艾丽丝终于意识到,贝拉这样的朋友,自己必须远离。

**卡耐基如是说**

"有毒"朋友在我们身边其实并不少见,很多人身边都会有那么几个,见不得你比他好,有意无意地挖苦你、嘲笑你,或者是只顾把负面情绪一股脑地倒给你……与其交这样的"朋友",浪费时间在无用社交上,倒不如提升自己，交一些"优质"的朋友。

人们都在寻找快乐，但是只有一个切实有效的方法，那就是控制我们的思想。摆脱"有毒"朋友带来的困扰，最理性的解决办法是静下心来，盘点整理自己的朋友圈，远离身边的"有毒"朋友。另外也要不断反省自身，避免让自己也成了别人眼中的"毒友"。唯有如此，才能够更好地从"被毒害"的处境中解脱出来，妥善对待你和他人的友谊。

**远离这些"有毒"的朋友。**

**1 自私自利的人。**

能帮助朋友的事，大家都会乐意去做，但是朋友之间也需要互相理解、体谅。有些人为了达到自己的目的，以友谊为要挟，不顾别人的感受，逼着别人迁就，这样的人，就是自私自利的人。对这样的人，我们要坚持自己的原则，不能一味迁就，必要时则要远离他们。

冬冬的邻居小浩又想拿冬冬的玩具回家玩，冬冬怎么做更好呢？

" 我更喜欢B场景中冬冬的表现。"

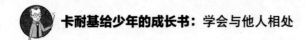

### 2 挖苦讽刺你的人。

在现实中，如果你的朋友一直热衷于贬损你，没有底线地对你进行嘲笑、挖苦、讽刺，那么毫不犹豫地离开他吧。别人没有理由无故诋毁、伤害你。那些赞美你、肯定你、尊重你的人，才是你应该亲近的。

在面对小浩的讽刺时，冬冬怎么回应更好呢？

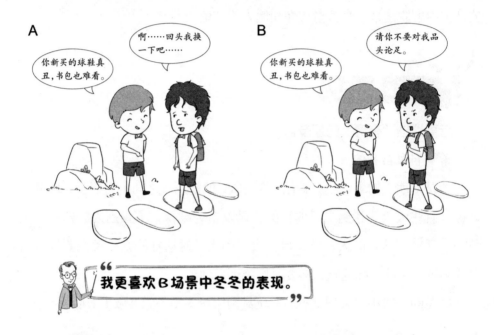

我更喜欢B场景中冬冬的表现。

### 3 牢骚满腹的人。

生活里，有些人会经常向他人抱怨自己的不开心或是传达负面情绪，让别人的情绪也受到影响。生活中的困扰请朋友分担本无可厚非，但总是传达悲观情绪，会让朋友也受到伤害。遇到这样的朋友，不妨将真实感受告诉他，如果明说后仍无任何改变，那就远离吧。

如果小浩再次向冬冬不停地倒苦水，冬冬怎么应对更好呢？

## 5. 接受自己的不完美

### 交际问题知多少

我是小美,最近我陷入深深的自卑之中。以前经常在一起玩耍胡闹的朋友,现在却开始有了美丑的概念,比较和评价起来:小美个子真矮,像个矮冬瓜;小美的头发总是像个鸟窝,乱蓬蓬的;小美的脸上有雀斑,真难看……被她们一说,我照镜子也发现自己真的很难看,为什么别人都那么完美,我却有那么多缺点呢?

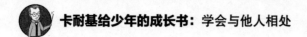

乔治是个敏感的男生,他每做一件事都要犹豫很久,总担心自己会做错,如果有人说了他不好的话,他就更没信心了。

有一次,课堂上老师提出了一个难度很高的问题,同学们都在思考的时候,乔治想出了问题的答案,但他几次欲言又止,不敢说出来,怕站起来将大家的目光吸引到自己矮小瘦弱的身板上来,更怕自己说错了被同学们笑话。所以乔治就一直沉默着,看别的同学开始讨论起来。后来,有一个同学举手站了起来,说出了和乔治想的一样的答案,还被老师表扬了。听着班里同学给别人的掌声,乔治心里很难受,本来自己也有机会被表扬的,可就是因为自己的不自信,因为自己的顾虑太多,而错失了这次机会。

幸运的是,乔治遇到了他的新同桌约翰,约翰夸乔治聪明,还鼓励他要自信。每次乔治做什么事情打退堂鼓的时候,约翰就在一旁说:"大胆去做,谁敢笑话你,我帮你怼回去!"

乔治按照同桌说的试了几次,他发现很多事情都变得简单了,老师开始注意到他,还经常表扬他;同学们也没有他想象中那么难沟通,大家开始亲切地叫他"小乔治",也不再嘲笑他瘦弱。慢慢地,乔治的心结打开了,他觉得到处都是好人好事,自己的缺点也并没有自己想的那么要紧。

既然你已来到世上，就应庆幸自己在世上是独一无二的。世界上本就没有什么人是完美的，也没有什么人能通过努力成为完美的人，哪怕自己做得不那么好，也不要随便否定自己、责怪自己。我们中的大部分人都是平凡的普通人，不完美是再正常不过的事情，接受了这个事实，我们才能过得更加洒脱、快乐。

当你接纳自己可以不好、不美、不被人喜欢的时候，当你接纳自己可以有不开心的感受时，你接纳的东西越多，你的内在自我就越完整，和这个世界的关系也就越友好。生命的可贵之处，就在于看到自己的不足之后，能够坦然地接受，并奋力前行。

**怎样接纳自己的不完美？**

 接受自己的平凡。

完美是一种理想的状态，能实现固然好，但是我们也要清醒地认识到，完美是可遇而不可求的，世界上大部分的人都是平凡的。所以，试着接受自己的平凡，在设定目标的时候，不要去追求不切实际的完美，而是试着去追求一种可实现的足够好。

小美羡慕表姐是博士生，可自己却成绩平平，她该怎么调整心态？

### 2 接受自己的缺陷。

也许你觉得自己长得不够漂亮，身高不达标，长相有缺陷、不完美，这都没有关系。先天不足的可以后天弥补，弥补不了的可以试着接受，并且找到自己的优点，进而发扬自己的优点。要想达到一定的高度，真正靠的不是克服缺陷，而是能把自己的优点发挥到什么程度。

在面对别人讽刺自己身高矮时，小美怎么回应更好呢？

**3** 接受自己的错误。

犯错是我们一生都在做的事，已经犯下的错误能改的及时改正，无法挽回的就坦然接受，不要勉强自己。不过，接纳当然不能等同于放纵，接纳和原谅之后，要以充足的信念去完善自我，向着更好努力，避免重蹈覆辙。

小美把数学考试的最后一道大题的题目看错了，那道题得了0分，她该怎么面对呢？

## 6. 诚实胜过一切智谋

### 交际问题知多少

我是王超，我发现我的信用出现了危机，前阵子我想跟壮壮一起报个数学补习班，跟我爸要钱，他怀疑我又要钱出去乱花；跟老师请假，老师认为我是故意逃课；跟同学炫耀我数学成绩提高了，居然被说成是抄袭别人……怎么忽然之间，所有的人都不相信我了？还是说问题出在我自己身上？

本杰明·富兰克林出生在一个铁匠家庭，家里孩子多，日子过得不宽裕。为了维持生计，12岁时富兰克林便开始工作，为家里分忧。

开始时富兰克林在哥哥的印刷所里学排版，后来因为哥哥经常责骂他，对他非常刻薄，富兰克林不得不到别处寻找工作。

他流落到费城，有一叫凯梅尔的人让富兰克林帮他管理印刷铺子，并许诺可以给他很高的薪金。当时富兰克林已经是一个熟练工，而铺子里的其他工人都是新手，他们拿的薪资也很低。聪明的富兰克林看到这种情况，就猜到凯梅尔是想让他把这些工人训练成熟练工，然后再把自己赶走。尽管如此，他想既然答应接受这份工作，就应该尽力做好，对自己的工作负责。于是，他便每天教这些工人技术，将自己的所学倾囊相授。

几个月后，凯梅尔觉得其他工人已经掌握了排版印刷技术，就开始找富兰克林的麻烦，甚至克扣他的工资。

富兰克林早就预料到了，就当着工人们的面说："凯梅尔，别绕弯子了，你就是看他们是熟练的工人了，所以想赶我走。不过，你放心，我诚信做事，不会因为你这样对我就不好好教他们，将来你解雇他们的时候，他们凭借自己的手艺也可以很容易地找到工作。"

说完，富兰克林就收拾行李离开了。

我的座右铭是:第一是诚实,第二是勤勉,第三是专心工作。在人际关系中,最重要的莫过于真诚,而且是出自内心的真诚。每个人都有必要去培养自己诚实守信的一面,让自己的人际关系变得更好,做到不为利动、没有私心、言行忠实——这种美誉,其价值比从欺骗中得来的利益大千倍。

林肯说:"你能欺骗少数人,你不能欺骗大多数的人;你能欺骗人于一时,你不能欺骗人于永恒。" 如果不重视对自身诚实守信品质的培养,很有可能会让自己变成一个说谎成性的人,失去自己诚信的一面,而最终的结果就是:即使某一天他说了实话,大家也不会再信任他。因为再美丽的谎话也只能欺骗别人一次两次,多了就没有人再相信,就像我们熟知的"狼来了"的故事中的那个孩子。

**怎样做一个诚实的人?**

① **有诚实和率真的心。**

拥有诚实善良的心就是要宽厚公正地对待他人和万物,坚持自己的善良本心。生活中,每个人都应有自己的原则,并时刻遵循自己的原则,为人率真,严格要求自己,不阳奉阴违,处理事情公平正义,不偏听偏信。以此为基础,养成诚实守信的品格。

发下试卷后,王超发现老师把他答错的题误判为对的了,他该怎么做?

## 2 是非分明。

是非原则是维护社会和谐的一杆秤,什么是对,什么是错,什么是荣,什么是辱,只有拥有正确的是非观,才能称得上是诚实正直的人。所以,学会明辨是非,对于对的事坚决维护,对于错的事懂得拒绝,尤为重要。

当朋友鼓动王超逃票看电影时,王超怎么回应更好呢?

## 第二章 │ 改变，先从自身做起

**3** 勇于实践正直的品德。

"正义的路是崎岖的路，它只欢迎勇敢的人。"如果选择做诚实正直的人，从某种意义上讲就是选择了勇敢和忘我。有时候，知道了是非很容易，但敢于讲真话、维护正义却很难。因为这意味着牺牲个人利益，得罪他人。我们不妨从力所能及的事做起，理性地实践诚实和正直。

王超看见公交车上有个小偷正把手伸进一位乘客的包里偷东西，他该怎么做呢？

" 我更喜欢B场景中王超的表现。"

卡耐基给少年的成长书：学会与他人相处

# 第三章 懂得理解和关心，结识新朋友

## 1. 建立美好的第一印象

我是壮壮，自从冬冬转到我们班之后，我一直想和他交朋友，但是一上来我就搞砸了。有一次，我和王超闹着玩，把班里弄得乱七八糟，我还不小心把冬冬书桌上的书全都弄掉了……虽然冬冬说了没关系，可是我不知道该怎么在他那里树立好的印象了。

卡耐基曾在纽约参加一次宴会时，对其中一位客人印象深刻，那是个刚获得了一笔遗产的妇人。她似乎急于给宴会上的人们留下一个她很愉快的印象，所以花了很多钱买了貂皮大衣、钻石、珍珠，可是她却没有注意到自己脸上的表情。

她脸上的神情，显得那么刻薄、自私，让人望而却步。她不明白的是，人们觉得赏心悦目的，是一个人表情中所表现出的那份气质、神态，而不是她那身雍容华贵的打扮。

这让卡耐基想起了自己以前花了一个下午的时间去拜访雪弗立的经历。当卡耐基看到雪弗立的时候，他觉得很失望，眼前的人沉默寡言，跟卡耐基想象中完全不一样。

直到雪弗立绽开一缕微笑，整个气氛才顿时开朗了起来。卡耐基觉得，如果不是他那一缕微笑，恐怕他和雪弗立的谈话早就泡汤了。

对此，卡耐基说："司华伯曾经告诉过我，他的微笑，价值一百万元。他所暗示的，或许就是他今日的成就，要归功于他的人格、他的魅力和他那种特殊的能力。而在他的人格中，最可爱的因素，就是他令人倾心的微笑。"

两个陌生人初次见面，人们根据最初的信息——身体语言、言谈以及反应等形成第一印象。要知道的是，一个人的行动，比他所说的话有更具体的表现，例如人们脸上的微笑就是这样的表示："我喜欢你，你使我快乐，我非常高兴见到你"。

那"不诚意"的微笑，又如何呢？微笑是从内心发出的，那种不诚意的微笑，是机械的、敷衍的，也就是人们所说的那种"皮笑肉不笑"的笑容，那是不能骗人的，也是我们所憎厌的。

为什么人们那么喜欢小动物？我相信也是同样的原因。你看它们那么喜欢跟我们亲近，当它们看到我们时，那股出于自然的高兴，让人也跟着高兴起来，所以人们也就喜欢它们了。如果你希望别人用一副高兴、欢愉的神情来对待你，那么你自己先要用这样的神情去对别人。

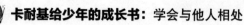

**建立美好的第一印象的方法：**

**1 保持微笑。**

微笑能真实地反映一个人的内心世界，消除别人的敌意，帮你迅速拉近和他人的距离。生活中面带微笑的人会比一天到晚总阴沉着脸的人更受欢迎。不过，如果见陌生人时笑不出来怎么办？不妨暗示自己微笑，在单独一人的时候，想几件开心的事，尽量让自己高兴起来。

壮壮想用微笑来拉近和冬冬的关系，他该怎么做？

**2 注意肢体语言。**

肢体语言也是我们与人交流的主要语言，每个动作都代表着特定的意义。所以要想在他人面前树立美好的第一印象，表达积极的肢体语言，规避消极的肢体语言，就显得尤为重要。例如走路时昂首挺胸，会给人一种朝气蓬勃、有自信的感觉；用手指着别人大声说话，会给别人一种看不起人的感觉。

壮壮想向冬冬示好，他应该以怎样的肢体语言表达？

"我更喜欢B场景中壮壮的表现。"

### 3 把握谈话节奏。

要想给别人留下一个好的印象，就得敢于说话。敢说话不等于乱说话，要把握好谈话的节奏，在恰当的时机说适合的话。如在谈话中表达对对方的关注，可以引发对方说话的积极性；用"我也这么想"肯定对方，可以让对方感到被理解。不过比起滔滔不绝地讲话，有时候保持沉默也不失为一个好办法。

冬冬正在讲自己的事，壮壮怎么回应更好呢？

## 2. 记住对方的名字

**交际问题知多少**

我是冬冬，转学后，我发现新班级的同学们都很热情，很多人主动地跟我打招呼，可是短暂地聊过几句之后，再见面时我居然忘了对方叫什么！更丢人的是，我还把人家的名字叫错了。这样下去，大家肯定会对我印象不好，可是怎么办，我觉得别人的名字好难记啊！

吉姆·法里10岁的时候便没了父亲,为了维持生计,他只得去一家砖厂做工。他把泥沙搬运到砖瓦模子里,压成砖瓦,再运送到烈日下晒干。因此,吉姆没有机会接受很多的教育,可是他性格开朗豁达,人们自然地就很喜欢他,愿意跟他接近。

在辛苦劳作之余,他锻炼了将见过面的人的名字牢牢记住的能力,这个从来没有上过初中的人,在46岁时已有4所大学授予他荣誉学位,还曾当选过民主党全国委员会主席,担任过美国邮局总局局长等职务。

出于好奇,卡耐基曾专程拜访过吉姆先生,向他请教成功的秘诀。他用简短的4个字告诉卡耐基:"吃苦耐劳!"

卡耐基显然对这个回答不满意,面对质疑,吉姆反问:"卡耐基先生,那么你认为我成功的秘诀是什么呢?"

"我知道你,吉姆先生,你有种神秘的能力,可以准确叫出1万个人的名字。"

吉姆对此进行了纠正:"不,卡耐基先生,你错了!我现在至少能准确叫出5万个人的名字。"

卡耐基表示,不要小瞧了这一点,吉姆先生正是靠着这种能力,赢得了人们的喜爱,成为富兰克林·罗斯福入主白宫的得力干将。

卡耐基给少年的成长书：学会与他人相处

在我们被介绍给一个陌生人认识的时候，也许我们能够聊上几分钟，但是在说再见之后，我们多半都已经忘记了对方的姓名了。然而，记住他人的姓名，在社交、商业和政治上都有着无与伦比的重要性。

拿破仑的侄子法国皇帝拿破仑三世，在谈到自己的记忆力时曾得意地说，即使日理万机，他也能够记住自己见过的每一个人的名字。当然，这些都是需要我们花费时间去做的，因此爱默生才这样忠告我们："一个人良好生活习惯的养成，都是由生活中一个个琐碎的细节组成的。"

假如你想获得别人的喜欢，那么请记住生活中你接触到的每一个人的名字。

**如何记住别人的名字？**

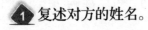 复述对方的姓名。

在获知对方的姓名之后，不妨口头重复一次，因为每个人都乐意听到自己的名字。拿破仑三世曾说，如果和一个刚认识的人见面，自己没有听清楚对方的名字，就说"请原谅，我没听得太清楚"，从而通过自己或者对方的复述，加深对他人名字的记忆。

小美向冬冬介绍自己时，冬冬没听清名字，他该怎么做？

### 2 预先准备。

在公共交际场合中，如果你想认识某一个人，想办法预先获得一些有关他的资料，然后记住对方的名字、性格特点及个人兴趣等，找机会将这些资料恰当地运用在谈话中，会使对方感到被重视，你们的关系也会更融洽。

冬冬第一次交作业，要交给身为学习委员的婷婷，他怎么准备更好呢？

**3 联想记忆。**

如果某个刚认识的人对你特别重要,那就可以更进一步——在这个人走后,把他的名字写在一张纸上,反复看,直到自己记住为止。这样做,不仅在听觉上对这个名字有了印象,而且在视觉上也有。此外,可以同时试着把名字和名字主人的体貌特征等联系到一起,这样会记得更加牢固。

设想一下,如果冬冬想把壮壮的名字记牢,他怎么做更好呢?

A 记不住,以后慢慢记吧。

B 壮壮胖胖的,身形和名字联系起来就记住了。

" 我更喜欢B场景中冬冬的表现。"

## 3. 人最希望听到怎样的赞美

**交际问题知多少**

我是婷婷,当选了学习委员后,我和大家的交集渐渐多了起来,看到转校生冬冬和大家还不熟,我想帮他尽早融入班级生活。可是要想这样,我得先和冬冬成为朋友。小美帮我出了个主意,说每个人都喜欢听到赞美的话,让我从夸奖冬冬入手,保准能和他成为好朋友。我有点迷茫,怎么才能恰当地赞美别人呢?

有一次,在纽约的 33 号街第 8 号邮局里,我排着队等着要发一封挂号信,我发现邮局的工作人员对自己的工作很不耐烦:给信件过秤,递邮票,找零钱,给顾客写收据……单调得让人抓狂,还要这样日复一日,年复一年。

我对自己说:我要试着让这个人高兴起来,我必须说些有趣的事,他感兴趣的事。那么他有什么地方是值得我赞美的呢?

这肯定是个难题,尤其对方是个陌生人的时候。可不到一会儿,我就从这个烦躁的工作人员身上，找出了一件值得赞美的东西。

轮到我了，当他接过信时，我很热情地对他说："我真希望我能有你这样一头漂亮的头发！"

那个工作人员惊讶地把头抬了起来，脸上立刻显现出愉悦的笑容来，他很客气地对我说："现在头发已经没有以前那样好了！"我很真诚地告诉他，他的头发现在看来依然很漂亮。他非常高兴，在我临走的时候，他对我说："有许多人都称赞过我的头发。"

我相信，听完我的话，那位邮局的工作人员在中午下班去吃饭的时候，一定步履如飞。晚上回到家里，他也会跟太太提到这事，而且还会对着镜子自言自语："嗯，我的头发确实不错。"

卡耐基如是说

想要跟你接触的人都赞同你，你就要承认和赞美别人的价值。"人类本性上最深的企图之一是期望被赞美、钦佩、尊重。"美国著名心理学家威廉·詹姆士这样说。可见被赞美是人的内心深处的一种基本愿望。在日常生活中，我们应该去发现、去寻找别人值得称赞的地方，并真诚地告诉他。

大家都希望与自己接触的人能够由衷地赞美自己，希望让人承认自己存在的价值，从中获得被重视的感觉，没有人能够例外。当然不是那种没有价值、虚假的奉承，而是发自内心的赞美。就像司华伯所说的，"真诚地赞许，宽厚地称道"，这是我们每个人都想得到的。

第三章 | 懂得理解和关心，结识新朋友

**应该怎样赞美他人？**

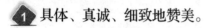 具体、真诚、细致地赞美。

抽象的东西往往不具体，难以给人留下深刻印象。若称赞一个初次见面的人说："你给我们的感觉真好。"这句话一点作用都没有，说完便过去了，不能给人留下任何印象。但是，如果你挖掘对方不太显著的、处在萌芽状态的优点，发掘对方的潜质，增加对方的价值感，这样，赞美起的作用会更大。

课间值日的时候，婷婷想夸奖冬冬的某个优点，她怎么说更好呢？

卡耐基给少年的成长书：学会与他人相处

**2** 借用第三者的口吻赞美。

面对面或直接地赞美对方，有时会给人留下不大好的印象，有恭维奉承之嫌。此时若换个角度，借第三者的口吻来赞美对方，也许就好多了。比如，"难怪××一直说你很不错，今日一见……"可想而知，对方一定很高兴。此外，借第三者的口吻来赞美，也更能得到对方的信任和好感。

婷婷收作业时，想要夸赞一下冬冬写的字，拉近关系，她怎么表达更好呢？

我更喜欢B场景中婷婷的表现。

**3** 赞美要注意适度。

过度的恭维，空洞的奉承，或者恭维、奉承频率过高……都会令别人感到难以接受，甚至感到肉麻，令人怀疑你的用心，结果只会适得其反。只有适度的赞美才会令对方感到欣慰，所以赞美他人要适度，因人、因时、因事、因地而异，掌握好"度"。

冬冬帮婷婷一起送作业，半路遇上婷婷的朋友，她怎么介绍冬冬更好呢？

## 4. 做一个好的倾听者

**交际问题知多少**

我是小美，和亮亮住在一个小区，虽然经常见到，但我们很少有机会一起聊天。最近亮亮的父母经常吵架，还吵得特别凶，小区里好多人都看见了。亮亮因此心情不好，这几次见他都是垂头丧气的。我想和亮亮多说说话，安慰安慰他，可是又不知道到时候应该说什么，婷婷告诉我，只要认真听亮亮说就可以了，真的是这样吗？

有一次,纽约的一位名叫格林柏的出版商举办了一次宴会,卡耐基参加了那次宴会,并且在那里认识了一位著名的植物学家。在那之前,他从来不认识从事植物学方面工作的人。卡耐基被植物学家的讲话深深吸引了,坐在旁边全神贯注地听植物学家讲植物学方面的趣事。

卡耐基告诉对方,自己在住的地方盖了一间小型的室内花园,这位植物学家立即热情地给卡耐基介绍了一些种植经验。

当天同桌用餐的宾客,至少有十几人,但这位植物学家却单独和卡耐基聊了好几个小时,几乎把其他的人都忘掉了。

直到将近午夜,卡耐基才向所有宾客与主人告辞,临行前还听到那位植物学家当着主人的面,对卡耐基大加赞赏,说他很幽默健谈,知识丰富,很有见地,谈吐也很有绅士风度。

令人不敢置信的是,整个晚上,卡耐基几乎没有开口说话,只是在倾听,大部分时间是植物学家一个人发言。而且卡耐基对植物学一窍不通,他也不知道该如何跟对方交流。但是卡耐基认真倾听了,并且发现对方讲的植物学的东西很有趣,对方感受到了他的兴致勃勃,这让人感到很高兴。因此,植物学家觉得卡耐基善于谈话,实际上,他只是善于倾听。

著名的影剧记者伊撒克·马士逊,曾明确指出,世界上许多人之所以不能给人留下良好的印象,是因为他们不能耐心地做个好听众,"由于他

们只关心自己接下来要说的话,所以根本不肯耐心地听别人把话说完……"多数大人物都曾告诉过我,他们喜欢的是肯耐心听别人说话的人,而不是那些争着要发表自己高见的人。

然而学会听人说话这门艺术,并不能一蹴而就,真正懂得倾听的人,少之又少。因此,如果你想学好谈话这门课程的话,便要记住:基本功就是先做一个好的倾听者,鼓励别人谈他自己。

### 怎样成为一个好的倾听者?

 全心全意地倾听。

倾听是了解对方的捷径,它不仅表现了你对说话者的尊重,而且也拉近了你与对方的距离,这会让对方把你视作可以信赖的知己。值得注意的是,倾听时要全心全意投入进去,要设法撇开令你分心的一切,抖腿、看手机等小动作容易伤害别人的自尊心。

小美在和亮亮说话的时候,发现自己的鞋带松了,她怎么做更好呢?

**2** 协助对方说下去。

用一些很短的评语或问题来表示你在用心听,即使你只是简短地说"真的?"或"再告诉我多一点。"对方也能感受到你在用心倾听,以及你对他的尊重,从而在得到回应的情况下说得更多。此外,眼神和手势也可以协助对方说下去,如眼睛看着对方、点头示意或打手势鼓励对方说下去。

亮亮说着说着不知道怎么往下讲了,小美应该怎么帮他说下去?

**3** 减少自己的语言。

在倾听别人的时候,尽量把你的语言减到最少,因为说话和聆听是不能同时进行的。对方在表达自己时,需要的是有人能听他倾诉,你一味地高谈阔论,反而会打扰对方的思路,破坏对方倾诉的欲望。因此,在倾听的时候,要把自己所说的话尽量减少,并在适合的地方表示赞同,给出相应的回应。

亮亮正好说到某处小美十分认同的内容时,她作何反应更好呢?

## 5. 谈论对方感兴趣的事

**交际问题知多少**

我是冬冬,转校后,我对新班级的王超印象特别深刻,我也挺想和他交朋友的。不过听说他是我们班的"小霸王",争强好胜,脾气也不好,想接近他还真是挺难的。好在有壮壮帮忙,壮壮说,王超特别喜欢机器人,让我多和他聊这方面的话题,一准能成为朋友,可我该怎么说呢?

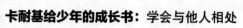

卡耐基收到过一封信,是热心童子军工作的基尔夫先生寄来的。基尔夫在信上这样写道:

"有一次,在欧洲那边要举行一个童子军大露营的活动,由于资金问题,我必须请美国一家大公司的老板资助。

"在我会见那位大老板之前,听说他曾经签出过一张百万美元的支票,随后又把那张支票撕毁作废,并将它装入镜框作装饰。因此,我走进他办公室后的第一件事,就是请求他给我看看那张支票。

"这个老板很高兴地取出支票给我看,我表示非常羡慕,同时请他告诉我关于这张支票的故事。那位老板讲完后问我:'哦,基尔夫先生,你找我有什么事吗?'于是我立刻告诉他我的来意。

"结果真出乎我的意料,他不但立即答应了我的要求,而且赞助的钱比我原来想要的还要多。我本来只想他能赞助1个童子军去欧洲,可是他告诉我他愿意资助5个,还立刻签了一张供我们在欧洲生活7个星期的支付凭证。

"你想一下,要不是我事先对他进行了解,并想办法让他心情愉悦的话,怎么会让整件事情进行得如此顺利呢?"

谈论对方感兴趣的话题,是与对方沟通的最有效手段之一,也是一种深刻了解别人并与人愉快相处的方式。你可以与对方谈论他的成就、他擅长的运动等,这会使对方产生一种亲切的感觉。如果要沟通的对象是位陌生人，那么需要事先搜集其简历、兴趣、出生地等相关资料。

问别人喜欢回答的问题，鼓励他谈谈他自己和他的成就。要记住和你说话的人，对他的需要或者他遇到的问题比对你的问题要关心上百倍。对于他来讲，就算是发生伤亡惨重的灾难，也没有他患的牙痛重要。在他眼里，一场大地震远没有他自己头上的一个小冻疮重要。

**怎样谈论别人感兴趣的事？**

① 把话题引到对方感兴趣的地方。

一般情况下，人们遇到自己感兴趣的话题，就会投入十二分的热情，但是，如果对方对话题没有丝毫兴趣，即使你热情高涨，对方也会昏昏欲睡。所以，在与别人谈话时，要多谈对方感兴趣的话题，把对方的注意力和好奇心吸引过来。谈论时要尽量自然，避免太过刻意。

冬冬想和王超聊关于机器人的内容，他该怎么自然地引出话题呢？

### 2 了解对方的兴趣点。

在沟通对象是陌生人的情况下，预先了解对方的兴趣点就很重要。罗斯福无论是面对一名牛仔，还是骑兵、纽约政客或外交官，都能清楚自己要和他们说什么，原因就是罗斯福在每位客人来访的前一晚，都会阅读对方感兴趣的话题资料，做好准备。

听说王超还喜欢看电影，因此除了机器人，冬冬和他聊什么更好呢？

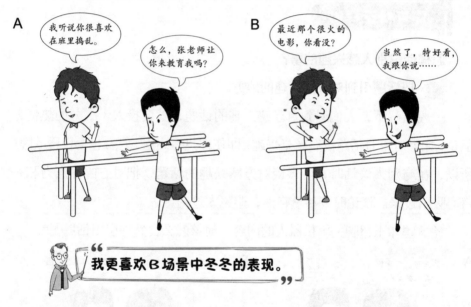

我更喜欢B场景中冬冬的表现。

### 3 结合外部环境交流。

在预先没有准备的情况下，我们也可以从实际生活取材，聊些大家都感兴趣的话题。比如对方熟悉的环境、事物、人物，或者最近发生的时政新闻等，并在交流过程中，留意对方真正感兴趣的内容，在接下来的谈话中，多谈论对方感兴趣的事。

第三章 | 懂得理解和关心,结识新朋友

冬冬和王超相约去看机器人设计大赛,路上冬冬不知道该说什么了,他怎么做更好呢?

我更喜欢B场景中冬冬的表现。

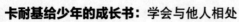

# 第四章 学会分享，维护朋友关系

## 1. 想收获，就别吝啬付出

我是亮亮，上次我因父母吵架烦恼的时候，同学校的小美及时出现安慰了我，即便她只是静静倾听，我也觉得很难得。为了感谢她，我让我爸从国外带了一盒水彩笔送给她，可是小美非但没来道谢，还不怎么来找我聊天了，我感觉自己的付出打水漂了，小美这样的人不适合做朋友吧？

有一个人在沙漠里行走了几天，途中遇到沙尘暴，一阵狂沙吹过，他迷路了，已不认得正确的方向。他快撑不住时，突然，眼前出现了一所废弃的小屋，他拖着疲惫的身子走进屋内，这是一间密不通风的小屋，里面堆了枯朽的木材。他几近绝望地走到屋角，却意外地发现了一个压水井。

他兴奋地上前压水,但任凭他怎么压,也流不出半滴水来。他绝望地坐在地上,忽然看到压水井旁,有一个用软木塞堵住瓶口的小瓶子,瓶上贴了一张泛黄的纸条,上面写着:"你必须把水灌入压水井才能引水!不要忘了,在你离开前,请再将水装满!"

他拔出瓶塞,发现瓶子里果然装满了水!

此时,他的内心开始交战——如果自私点,只要将瓶子里的水喝掉,他起码不会渴死,还能活着走出这间屋子!但如果照纸条上写的做,万一水倒入压水井一去不回,他就会渴死在这个地方了,到底要不要冒险?

最后,他决定把瓶子里的水全部灌入压水井,然后用颤抖的双手开始压水,没想到水真的大量涌了出来!

他喜出望外地喝足水后,又把瓶子装满水,用软木塞封好,然后在原来那张纸条后面,加上了他自己的话:相信我,真的有用。

我们在获取之前,要先学会付出。

社会心理学家霍曼斯指出,人际沟通的本质是一种交换的过程。交换的任何一方都希望所做的交换对于自己来说是有价值的。很多人不愿意为朋友付出,就倾向于逃避、疏远或中止,但就像人们说的,"有耕耘才有收获",不吝于付出的人才会收获幸福。

如果我们想交朋友,就要先为别人做些事——那些需要花时间、体力、精力、付出才能做到的事。在与朋友沟通中,千万不要吝啬付出。心胸狭窄,

卡耐基给少年的成长书：学会与他人相处

总担心在交往中吃亏，甚至想占便宜的人，是交不到朋友的。善于沟通的人都知道，乐意为朋友付出是一种灵活的、有效的交往方式，在这种前提下交往，收获往往大于付出。

**怎样对朋友付出？**

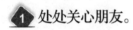 处处关心朋友。

很多时候，我们总是在抱怨别人对自己不好，却没想过我们对别人怎么样，为别人做过些什么。要想收获友谊，就不该吝啬对朋友的关心。比如在朋友遇到困难时尽全力帮助，在朋友难过的时候陪在朋友身边……

亮亮在小区里遇到了小美，他很关心小美最近干吗去了，他怎么说更好呢？

A 小美你最近是不是在躲着我啊？ 我……我没有。

B 小美，最近都没见你，你干吗呢？ 我最近上了一个数学辅导班。

"我更喜欢B场景中亮亮的表现。"

## 2 己所不欲，勿施于人。

你想要别人怎样对待你，你就要怎样对待别人。对待朋友千万不要一味向对方索取，或一味对朋友有所要求，老是想向别人张口的人，只会令别人以为你喜欢占小便宜。所以，当你希望朋友能肯定你、欣赏你时，你也要学会用同理心去对待别人。

知道小美在上数学辅导班后，如果亮亮恰好想要提升自己的数学成绩，他怎么做更好呢？

我更喜欢B场景中亮亮的表现。

## 3 降低对回报的期望值。

付出和回报不一定等值，当你的付出得不到相应的回报时，心里容易产生落差，甚至心生怨恨。但其实别人或许并没有要求你做什么，所以，付出的同时不去想能从对方那里得到什么，这样心里就不会计较得失。此外，不要总是把自己为别人做了什么挂在嘴边，你的付出朋友可能不会说，但他们都知道。

亮亮想提升数学成绩,面对小美拒绝辅导他数学的局面,亮亮该怎么应答?

## 2. 分享,让生活的快乐加倍

### 交际问题知多少

我是婷婷,在我的观念里,要做好自己,尽量不给别人添麻烦。可是昨天小美突然来找我,责怪我不把她当朋友,连上次生病请假都不跟她说一下。可是我不明白,把生活里发生的事情和自己的经历、心情,都告诉朋友,不会给朋友添麻烦吗?小美说是朋友就该互相分享,真的是这样吗?

基德曾经听他的太太讲过这样一次经历：

有一次，她在车站候车，距离开车还有好几个小时，她买了一袋松饼，然后找了个地方坐下，专心致志地看起书来。她看得非常投入，却无意间看到坐在她旁边的男人，竟然从他们中间的袋子里抓起一块松饼就吃。

真无耻！她想了想，还是算了，不要发脾气，然后自己也拿了一块吃。没想到，那个人又拿起了第二块！

当那个"贼"继续拿走她的松饼时，她越来越气愤，她想："如果不是我够大度，我一定骂他个狗血淋头！"她每拿一块松饼，他也拿一块。

"当只剩最后一块时，他会怎么做呢？"她不由得猜测起来。

那个男人显得有些拘谨，脸上浮现出笑意，小心翼翼地抓起最后一块松饼，掰成两块，分给她一半，自己吃了另外一半。

"算这个家伙还有良心，不过他怎么一句谢谢也不说呢？"她赌气似的吃完松饼。听到包里手机在响，她把手伸进行李包，却摸到了包里的那一袋松饼。

原来自己才是偷吃别人松饼的"贼"！她惊慌失措地站起来，一脸窘迫，但那个男人脸上却挂着笑容："谢谢你和我一起分享这袋松饼，两个人一起吃，感觉它的味道更好了！"

基德说:"有时候,许多东西不是你与别人分享了,你就会失去它。而是,只有当你与别人分享的时候,你才会得到更好的结果。"生活中那些懂得与人分享的人其实是幸福的人,他们在与人分享的时候能够感受到情绪的释放或者是快乐的蔓延。

我认为自私是万恶的根源,不要以为自私就能给自己带来利益,自私带给你的只有孤立。没有分享就不会取得较大的成功,更不可能赢得别人的喜爱。所以,为了避免成为一个失败的人,你必须懂得分享,和家人、朋友甚至是陌生人分享生命中的美好,从希望别人给我们,变成去给别人。

**朋友之间怎么进行分享?**

**1 分享自己的生活和情感。**

除了对事物的分享外,你还可以和朋友分享你的生活经历,你的痛苦、快乐、心事,甚至是小秘密。把快乐与人分享,你得到的是双倍的快乐;把痛苦与人分享,你的痛苦将减轻一半。你愿意与别人分享,别人才愿与你共享。只有懂得分享,才会有真心的朋友。

小美问婷婷最近干了些什么,她怎么回答更好呢?

### 2. 培养共同的兴趣爱好。

共同的爱好是共同经历的前提,增加一些你们都喜欢的爱好,比如你朋友喜欢逛街,你可以陪他逛街;如果你朋友喜欢吃各种好吃的,你可以给他推荐一些你喜欢的好吃的;如果他喜欢看书,你可以跟他一起看书,然后一起讨论,等等。这样可以分享物品、经历,增进彼此的感情。

如果婷婷想和小美共度周末,但小美想周末去看动漫展览,她怎么做更好呢?

**3** 避免过多的负面分享。

我们总是希望能够有一些朋友,可以陪自己同甘共苦,有福同享,有难同当。事实上,偶尔的痛苦可以和朋友一起分享,但过多的负面情绪却会给对方带来压力,也会让对方感觉到很不舒服。所以,不要频繁地释放负面情绪,每个人都更愿意别人与自己分享快乐,一起聊聊高兴的事,获得双份的快乐。

看完动漫展览后,看到小美开心的样子,婷婷该怎么分享自己对展览的看法?

## 第四章 | 学会分享,维护朋友关系

## 3. 了解对方的真实需求

**交际问题知多少**

我是张老师,快到教师节了,我知道班里的学生们在自发筹钱,打算给我买教师节礼物,还说要买他们喜欢的东西送给我。可是比起这些,我最想要的礼物是学生们不断提高的成绩啊。上次开班会的时候,我也把我的想法跟他们说了,他们能明白我的良苦用心吗?

卡耐基为了举办演讲研究会,租用了纽约一家饭店的大舞厅,每个季度需要用20个晚上。

有一次,在研究会开始前,卡耐基突然接到那家饭店的通知,说租金要增加两倍。当时,举办演讲研究会的通知已经公布出去了,入场券也已经全卖出去了。

卡耐基自然不愿意付增加的租金,他决定去见那家饭店的经理。

卡耐基向那位经理说:"如果我是你,我也会和你有同样的决定。经理的职责就是要让这家饭店盈利。如果你不这样做,就会被撤去这

个职务。但是如果你坚持要增加我的租金的话,我想让你清楚其中的利弊。"

卡耐基拿出一张纸,在纸的中间画出一条线,线的一边写上"利",另一边写上"弊"。在"利"的那一栏,写上"舞厅可以空出来",然后对经理说:"你可以自由地出租舞厅,举办聚会,那样收入要比租给我多很多。"

卡耐基又说:"现在我们来谈谈'弊'。我这个演讲研究会,来参加的都是上层的知识分子,这些人能够为你宣传你的酒店,就算你付5000美元的广告费,恐怕也不会有这么多人来你的饭店,这对你来说不是很有价值的吗?"

第二天,卡耐基接到那家酒店发来的租金改为只增加50%的通知,要知道,他只字未提减少租金的要求,谈论的却都是酒店所需要的。

### 卡耐基如是说

为什么我们要谈别人想要的呢?如果只按自己的喜好给予别人,那是孩子气的,不近情理的。你认为对方恰好也需要这些,但别人却未必那么觉得。要知道,每个人的想法都是不同的,世界上唯一能影响对方的方法,就是谈论他想要的,而且告诉他,如何才能得到它。

关于人与人之间建立和维护关系的方法,这里有一个很好的建议。亨利·福特曾这样说过:"人际交往如果有一个成功秘诀的话,那就是站在对方立场思考的能力,从他的观点立场想问题,如同从你的观点立场想一样。"通过满足别人的需求,间接满足自己的需求。

### 如何了解并满足朋友的需求？

**1** 发现别人的需求。

怎样才能发现什么是人们需要的东西呢？这就要求我们有一双善于观察的眼睛，能从自身的需求出发，发现大家的需求。其实我们每个人都是一样的，都有需求。而对于别人曾经提到过的需求，我们可以牢记在心里，尽自己的能力帮助对方实现。

冬冬中午在教室啃面包，被张老师撞见了，面对老师的疑问，他怎么回答更好呢？

**2** 给对方展现的空间。

威立姆·温德说过："表现自己，那是人性最主要的需要。"每个人都希望被重视、被尊重。在人际交往中，诸如，发现别人的优点，并加以赞美；安静倾听，满足别人的倾诉欲；巧妙示弱，维护他人的面子等，都是尊重对方、重视对方的表现。

张老师要给王超辅导功课，面对张老师细致的辅导，他怎么说更好呢？

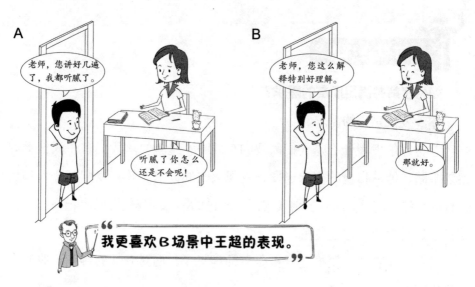

### 3 给出正面反馈。

当我们还猜不透别人深层需求的时候,只需记住正面反馈这一点就足够了。只说肯定的话,只给正面的反馈。比如:尊重、理解、陪伴、认可……人们的潜意识里,会把正面反馈当作友善信号,就是所有人内心深处最需要、最渴望的东西。

这次考试壮壮名次落后了,当张老师询问他下一阶段的学习目标时,他怎么回答更好呢?

## 4. 找到最适合的分享时机

**交际问题知多少**

我是壮壮，我和王超是好朋友，但我今天却把王超惹生气了。今天数学测试的成绩出来了，我比上次足足提高了30分，高兴之余，看到王超趴在座位上，我立即兴奋地跑过去跟王超分享。谁知道他却不理我，我多说了几次，他就生气了，后来东东告诉我，王超的机器人模型被他爸没收了，正烦着呢，我没找对时机。可是，和朋友分享也要讲究时机吗？

**案例时间**

艾伦是一名文字工作者，上周末的时候，他意外收到了一笔稿费。稿费不多，甚至不够他买一台咖啡机，但是因为那是一种突然而至的喜悦，是一种被认可后的自信，所以艾伦很想找个人分享。

他打电话给一位同样一直在坚持写文字的文友，对方接电话的声音有些疲倦，但艾伦急于把自己的意外之喜告诉他，顺便感谢他之前分享的写作经验。没想到的是，对方的反应很平淡，隔了一会儿，才不冷不热地回复了一句:"哦。"

艾伦感到有些自讨没趣,很尴尬,于是他补充解释了一句:"我没有别的意思,只是想跟你分享写作路上的每一次进步。"但是那头的电话却突然挂断了。

几天之后,艾伦才从另一个朋友那里得知,在他的文章发表的同时,那位文友辛苦策划很久的一本书被出版社拒绝了,他过去几个月的辛劳也都白费了。

艾伦有点吃惊,又为自己不合时宜的分享感到愧疚。要是自己能听出电话那头的疲倦,或者先问一句对方的近况再分享,也不会造成现在的局面。因为没有找对分享的时机,自己想要分享的快乐成了在别人面前的炫耀。

### 卡耐基如是说

每个人都有很多话要说,他们可能在向你诉苦,也可能在向你炫耀,其中起很大影响作用的是分享的时机。在对的时间将快乐分享给对的人,那么皆大欢喜;如果在错误的时间分享了一件快乐的事给别人,或者是将一件本来挺好的事情分享给了错误的人,那它的结果就会格外尴尬。

选择"分享时机",有几点需要注意:第一,雪中送炭比锦上添花效果好;第二,特别的节日比一般日子效果好;第三,顺应他人的心情比破坏心情效果好。成功的分享是对自己有益的,不仅可以让他人更为了解自己,塑造个人形象,还能拉近与他人的距离。但如果你的分享让别人感到不快甚至痛苦,那就是失败的分享了。

**如何找准分享的时机?**

**1** 在朋友最需要的时候。

没有人总是一帆风顺,在朋友遇到困难的时候,将自己拥有的及时分享给对方,无异于雪中送炭。这样的分享不仅是对朋友的帮助,也是对自己的帮助,这么做会让对方深刻地记住你,感谢你,更能巩固双方的友谊。所以,在朋友遇到困难时,如果你拥有的是朋友需要的,不妨分享出来。

王超最喜欢的机器人模型被没收了,家里有同样模型的壮壮怎么做更好呢?

**2** 在朋友主动分享的时候。

我们总说,朋友之间,自愿付出,不求回报。主动付出的人可以这么说,但接受的那个人却不应该这样想。正因为是朋友,才更应该记得对方的好,及时给予回报。朋友之间需要礼尚往来,在朋友主动跟自己分享的时候,恰当的"回应"和分享会让对方更加珍惜你们的友谊。

班级春游时,王超带了好吃的零食给壮壮,壮壮怎么回应更好呢?

> 我更喜欢B场景中壮壮的表现。

**3** 在符合朋友心境的时候。

分享的时机很重要，在不恰当的情况下，即便是善意的分享，也会让彼此间的关系陷入僵局。因此，看准对方的心情，视情况决定是否分享、怎么分享。在朋友高兴的时候，尽量不要分享自己的负面情绪；在朋友难过的时候，也不要一直自说自话地分享自己开心的经历。

王超因为可以参加科技竞赛十分开心，壮壮却因不能去旅游烦恼不已。王超跟壮壮说完自己的高兴事后，壮壮怎么回复更好呢？

> 我更喜欢B场景中壮壮的表现。

## 5. 分享也要量力而行

我是亮亮,上次生日的时候我爸从国外给我带了一整套水彩笔,小美见了,想跟我借去用用,我同意了。没想到小美把水彩笔带去了班里,被她的同学看到了,大家都很喜欢那套水彩笔,小美便跑来跟我说,能不能借给她的同学用用。我爸生气我把水彩笔借出去那么久,让我赶紧要回来,但是不借给小美的同学,我又怕小美生气,怎么办呢?

丽珍和她丈夫在亲朋好友眼里是老好人,因为不管是要借什么,还是需要帮忙,只要找他们两个,不管多难,他们都会办到。丽珍和丈夫有时虽然力不从心,但出于热心总是不会拒绝别人。

有一天,很晚了丽珍看见儿子屋里还亮着灯,进去一看,儿子正在写检查,于是问他发生了什么,为什么要写检查,儿子委屈地说,他班里的一个学习不怎么好的朋友,今天忘了带课本,上课的时候就跟他借课本,他自己的课本被借走了,没有课本,所以老师罚他写检查。

丽珍看着满脸委屈的儿子，问他既然这么不愿意，为什么不拒绝呢？没想到儿子说了一句："我不好意思拒绝，因为我每次想拒绝朋友的时候，就想起了你和爸爸明明没有条件帮助别人，但是又勉强自己的样子。你和爸爸对朋友和亲人那么好，我也得努力对朋友好，将自己有的都和朋友分享！"

听了儿子的话，丽珍不禁皱起了眉头。原来，自己和丈夫的做法竟然影响到了儿子，而这种勉为其难的分享和帮助只会给他们一家带来不好的影响。

后来有一次，丽珍的亲戚又来找她借钱，这次借的数目还不小。丽珍毅然决然地拒绝了，拒绝之后，她反而松了一口气。原来，不勉强自己去做为难的事情，可以让内心这么舒畅。

### 卡耐基如是说

任何人都不可能拥有无穷无尽的精力和财富，即使他的精力再充沛，家境再阔绰，当面对无休止的索要和打扰时，他也有力不从心的时候。面对朋友的请求，我们可以尽全力去分享、帮助，但不要强迫自己去做自己做不了的事，无论你行动有多积极，出发点有多好，得到的也只能是遗憾，人性就是人性，别指望人性会因你的慷慨而有所改变。

认清自己的能力，只做自己能做的事情，才能维持长久的朋友关系，有一个看得见的彼岸。有人说："我的所有不幸，都是由于我不懂得拒绝别人。"每次成全了别人而让自己受委屈，并不是真正的朋友想要的结果。合理地拒绝别人，只做自己能做的事情，才是完美的分享。

**该如何根据自身情况分享?**

1. 在自己能力范围内分享。

答应和朋友一起分享就要信守诺言,所以在答应朋友之前首先应该分析自己能不能办到,如果没有把握就不要轻易给别人承诺。如果自不量力,明明自己没有的也答应满足朋友,最后做不到就是没有信用,影响朋友对你的信任。

小美帮同学向亮亮借水彩笔,亮亮知道爸爸不同意,他怎么回答更好呢?

2. 不要影响到自己和他人。

在和朋友分享的同时,切勿伤害到自己和他人,要是不能够妥善处理,可能自己受了委屈不说,连朋友都会埋怨你,从中得不到任何好处,绝对

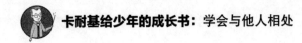

是得不偿失。因此，和好朋友分享的前提是，保护好自己，同时不影响他人。这样的话，朋友会认为你有一定的原则，会更加信任你。

亮亮因为怕小美不高兴，想要求爸爸给小美也买一套水彩笔，对于这个问题他怎么进一步分析更好呢？

我更喜欢B场景中亮亮的表现。

### 3 合理地拒绝。

如果别人经常找你索要，而你总是碍于面子不去拒绝，那么时间长了，别人就会把希望全都寄托在你的身上，让你陷入很被动的处境。当然在拒绝别人的时候，要讲究拒绝的方式和方法。有时候没必要为了拒绝而言辞锋利，以至于伤害了彼此的感情。

美术课上，亮亮的同桌画不出来，想让亮亮帮忙画一下，他怎么拒绝更好呢？

第四章 | 学会分享，维护朋友关系

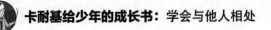

# 第五章 没有永恒的敌人，化敌为友

## 1. 从友善待人开始

**交际问题知多少**

我是小美，因为脾气直，说话冲，我没少得罪同学和朋友。比如上次，壮壮和王超又在班里大闹，壮壮还撞到我了，我没忍住冲壮壮发了一通脾气，狠狠地说了他一顿。没想到壮壮居然还生气了，连着两天我和他打招呼，他都没理我。我很好奇，以我的脾气，如何才能化解和别人的矛盾，化敌为友呢？

**案例时间**

1915年的时候，洛克菲勒是康涅狄格州煤铁公司的董事长。那时候的煤铁矿工要求煤铁公司加薪，遭到了拒绝，引发大规模罢工，当时的罢工事件震惊了全州，甚至惊动政府调动军队镇压。

洛克菲勒的使命是让罢工的矿工重新回到工作岗位，他向工人代表们发表了演讲,这次演讲产生了良好的效果。在这场演讲中,他表现出了极为友善的态度,感动了罢工的矿工,促使他们重回岗位。演讲的开头是这样的:

这是最为值得纪念的一天,在我的一生中,这是我第一次有幸和公司的劳工代表、职员及督察委员会的朋友聚在一起,我备感荣幸,终生难忘。

前些日子,我有机会去南煤区你们的住所,跟各位代表做过个别谈话,拜访过你们的家庭,见到了你们的老婆和孩子,所以今天我们在这里见面,就算是朋友,而不是陌生人了。在这种友好互助的精神鼓舞之下,我很高兴有这样的机会,跟大家一起讨论有关我们的共同利益的事,以及我们的前途。

来参加这次聚会的,包括了公司的职员、劳工代表,我能站在这里,承蒙各位厚爱,虽然我既非公司职员,也不是劳工代表,但我认为我和大家的关系异常密切,因为我是代表股东,也是董事会成员之一。

假如有这样一个人(事实上在生活中就经常存在),他心里对你已经抱有成见和厌恶情绪,你就是找出所有的最有道理的理由来,也不可能让他接受你的观点。强迫不能使他接受你的意见,然而,如果我们退一步,用真诚的态度和温和的话语,则有可能化解仇恨。

以慈爱和友善的方法接近,能使对方改变他原有的心意,这比暴力攻击更为有效。记住林肯所说的那句话:"一加仑的胆汁不能比一滴蜂蜜捕捉到更多的苍蝇。"当你想要获得他人对你的赞同时,别忘了这条规则:以友善的方法开始。

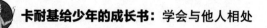

卡耐基给少年的成长书：学会与他人相处

**怎么友善地对待"敌人"？**

1. 适当地夸赞对方。

生活中有很大一部分人，喜欢听别人的赞美，即便是站在对立面的人也不例外。聪明人会抓住人们的这一心理，适当的时候，满足人们希望被他人称赞的愿望，以获得他人的好感。将心比心、投桃报李是每一个有良知的人都懂得的道理，你善待了别人，对方也会用同样的方式去善待你。

小美上楼时遇到壮壮，这次她想换个方式和对方打招呼，她怎么说更好呢？

2. 顾及对方的感受。

每一个人都是生活在群体之中的，人与人之间存在千丝万缕的联系，我们说一句话，做一件事，都应该考虑他人的感受。有些同学喜欢给别人取绰号,喜欢宽容对己、刻薄待人,到头来两败俱伤。其实,只要我们对别人多一点宽容,能多顾及一下别人的感受,那么很多问题都可以避免。

又看到壮壮和王超在教室里你追我赶,小美想制止他们,怎么和壮壮说更好呢?

我更喜欢B场景中小·美的表现。

**3 给对方多说话的机会。**

我们要想获得他人的肯定和喜欢,缓解和别人的关系,就要充分满足对方的"自重感"(心理学术语,简单说就是觉得自己很重要),给对方多说话的机会。我们的谦逊,可以满足对方表现自己成就的心理。就如哲学家洛西夫克所说:"如果你想得到仇人,你就力争在每件事的表现上都要胜过你的朋友,如果你想要获得更多朋友,就让你的朋友适当胜过你。"

壮壮在生小美的气,课上小组讨论时,小美想缓和跟壮壮的关系,她怎么做更好呢?

## 2. 站在对方的立场阐述问题

### 交际问题知多少

我是王超，作为一个捣蛋鬼，我可没少和老师"结怨"，我知道老师们私底下都嫌我太闹腾，有时候看到张老师被我气得直叹气，我心里也很内疚。爸爸告诉我，要想和张老师"和解"，可以试着换位思考，多从张老师的角度出发思考、反思自己，这个方法真的可行吗？

第五章 | 没有永恒的敌人，化敌为友

卡耐基有一个保持多年的习惯，他常到离家不远的公园中散步、骑马，以此作为消遣。渐渐地，他对公园里的树木就有了爱护之心。

公园里的火灾差不多都是来公园野炊的孩子们灭火不彻底所致，照看这个公园的警察也不认真，即便公园起火了，他也认为这不在他的管辖范围。

后来，卡耐基每次来公园骑马时，总是自愿执行保护树木的职责。

开始时，他一看见树下起火就非常不快，总是上前警告野炊的孩子们，用威严的声调命令他们将火扑灭，还威胁他们说，如果他们不听，就将他们交给警察。

孩子们听从了卡耐基的话，但当他离开以后，他们又重新生火，并恨不得将公园烧干净。面对这一现实，卡耐基反思良久，他决定站在孩子们的角度来处理这件事。

他不再发布命令，也不再威胁孩子们，而是走到火堆前，跟他们说："孩子们，你们在做什么晚餐？当我是一个孩童时，我也喜欢野炊。但你们知道吗？在公园里生火是很危险的，我知道你们很乖，但别的孩子们不会这样小心，他们见到了会跟你们学生火，回家的时候也不扑灭，到时候火会把整个树林都烧没了。我不干涉你们的快乐，我希望你们玩得开心，只是你们回家时不要忘了灭火，在原有的土堆上盖些泥巴。多谢了，孩子们。祝你们快乐！"

从那以后，公园里失火的事件少了很多。

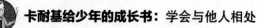

我们要记住，当对方和自己所处的立场不同时，只有愚蠢的人，才会一直站在自己的角度阐述问题，惹怒他人，聪明的人决不会如此，他会试着去了解对方，去换位思考。这个人有那样的思想和行动，一定有他的理由。我们探究出那个隐藏的理由来，对他的行动、人格，就可以很清楚地了解了。

你把自己放在他人的情景下，你这样对自己说："假如我处在他的困难中，我将有怎样的感受，又会如何反应呢？"有了这样的想法，你可以省去许多时间和烦恼。同时由于同理心，你也会相应地改变自己的态度。多为别人想一些，你便得到了解他人行动或人格的钥匙，而要找到这种钥匙，就必须学会换位思考，真诚地将你自己放在对方的位置上。

**如何换位思考？**

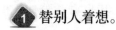

真正聪明的人，不是事事精明只顾自己的人，而是那些哪怕在琐碎日常中心里也装着别人的人。因为只有这样的人，才能收获别人的信赖、支持以及更多的好人缘。面对关系不好的朋友时，不妨多为对方着想，站在对方的角度考虑他所需要的，自然能够缓和双方的关系。

王超身体不舒服，不能到校上课。对此，他怎么处理更好呢？

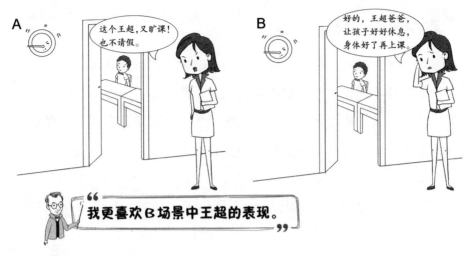

> 我更喜欢B场景中王超的表现。

**2** 深入了解他人。

对于和你有敌对情绪的朋友,想一想,他有过何种人生经历?他希望得到什么?他希望避免什么?不同的人对这些问题都有不同的答案,不论是什么样的答案,重点是在真心实意地了解他人的处境,加深彼此之间的了解,并能在对方需要帮助的时候提供帮助。

王超感冒了,想要在课堂上跟张老师请假,他怎么表达更好呢?

> 我更喜欢B场景中王超的表现。

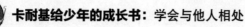

**3** 站在对方的立场看问题。

随着了解的深入，你会发现，人与人之间之所以出现矛盾，很大的原因在于立场不同、所处环境不同的人，所思所想也不尽相同。倘若我们善于站在别人的位置上看问题，就能从内心深处理解别人，也能缓和双方的矛盾，使别人易于接受你的意见，彼此之间的误会、矛盾就会少很多。

王超为了帮助壮壮，和校外的人打架了，他怎么和张老师沟通更好呢？

我更喜欢B场景中王超的表现。

## 3. 把命令改成建议

我是婷婷,现在我觉得做班干部,容易脱离群众、四面树敌。成为学习委员后,老师经常让我监督同学们的学习和作业情况,这不,因为交作业的事我又和壮壮闹掰了。但是他不按时交作业,我只能强制要求他啊,壮壮为此还嘲笑我"打官腔"。说实话,我真不知道怎么缓和与壮壮的关系,怎么才能让他按时交作业呢?

关于这个问题,卡耐基曾专门和别人探讨过,他说:

"有次我极荣幸地与资深传记作家泰勒女士共进晚餐。她告诉我,她写《扬·欧文传》的时候,曾和一位与扬·欧文先生共事3年的人谈话。这位先生宣称,从未听过扬·欧文指使别人,他只是建议,不是命令。

"譬如扬·欧文不会说'去干这个干那个'或'别这么做别那么做',他会说'你可以考虑这样'或'你觉得那样有用吗'。他常常在口授一封

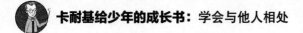

信之后说：'你觉得这样如何？'接过助手写的信之后，他会说：'也许这样写比较好些。'他不教助手怎么做，而让他们自己去做，让他们自己在错误中学习。

"相反地，宾州的一位教师丹·桑塔里给我讲述了这样一件事。有个学生违章停车，挡住了别人的通道。一位老师冲进教室很不客气地问：'是谁的车子挡住了通道？马上把车子移开，否则我叫人把车拖走！'

"这个学生是犯了错，车子是不该停在那里。但是，从那天开始，班上几乎没有一个学生对那位老师有好感。如果这位老师好好地问：'谁的车挡住了通道？'然后建议这位学生移开车，以方便别人进出。相信这个学生会乐意这么做，同学们也会对这位老师产生好感。"

### 卡耐基如是说

没有人喜欢受人指使，因此，不要用命令的语气指使他人去做某件事情。指使他人的结果是，他未必会很好地完成你的指令，因为他是被迫做这件事情的。用建议代替指使，以一种建议的方式提出想法，就像欧文那样。比如"我认为这样做是最好的""我希望能够在下次上课之前拿到我的试卷"，等等。

这种办法容易让一个人改正错误，并保持个人的尊严，给他一种自重感，这样他就会与你保持合作，而不是背叛。无礼的命令只会导致长久的怨仇——即使这个命令可以改正他人明显的错误。

第五章 | 没有永恒的敌人，化敌为友

### 怎样让对方很好地完成任务？

**1** 用请求代替指使。

用一种请求的口吻代替命令，告诉他们你只有得到他们的帮助，才能完成此事。这会让他们认为自己很重要，受到了尊重，从而非常高兴地执行你的命令。这样既让做事的人心甘情愿，也保证了事情能顺利完成。

婷婷负责组织班级的书法比赛，壮壮不报名，她怎么劝说更好呢？

**2** 用商量代替指使。

把你的命令作为问题提出来，试着商量，是将自己和对方放在平等的位置上，这样在心理上，对方会更容易从问题本身入手，解决问题。比如，我们会说："我需要有人帮忙去拿一个文件，谁现在方便呢？"一般会有人主动提出去拿这个文件的。

快上课了，婷婷要找人帮着把下节课要用的试卷发下去，她怎么说更好呢？

> 我更喜欢B场景中婷婷的表现。

### 3 用建议代替指使。

即便在别人做错的情况下，想要纠正错误，也可以用一种建议的方式提出来，从"你要……""你给我……"转变为"我认为你应该……"或者"我希望你……"的说话方式。这样做能给对方被尊重的感觉，对方也会更容易接受和改正错误。

壮壮又没有按时交作业，婷婷想要纠正他，她怎么和壮壮说更好呢？

> 我更喜欢B场景中婷婷的表现。

## 4. 不妨先说出自己的错误

我是王超,最近诸事不顺,在班里挨班主任的批评,回到家还要被爸妈训。虽说是我有错在先吧,但是走到哪儿都挨骂确实很扫兴,尤其是昨天,我把我爸新买的手表拆了,后来装不回去了,被爸妈骂到今天。再这样下去,我都不想上学不想回家了,真不知道要怎样他们才能不再骂我了,壮壮说让我先道个歉,这有用吗?

卡耐基家附近有一个森林公园,卡耐基经常带着他的小狗"雷斯"去散步。由于来公园的人很少,卡耐基常常不给雷斯系狗链或者戴口笼。

有一天,卡耐基和雷斯遇见了一位骑警,这位警察说:"你不给你的狗系上链子、戴上口笼,让它这么乱跑,难道你不知道这是违法的吗?"

卡耐基温和地回答:"我知道,不过我认为它还不至于在这儿咬到别人。"

骑警有点生气:"法律是不管你怎么认为的,它可能会伤害这里的松鼠。这次我不追究,不过下不为例,否则就要重罚你了。"

卡耐基给少年的成长书：学会与他人相处

卡耐基答应照办，可是雷斯并不喜欢戴口笼，因此，他决定碰碰运气。可是第二天，卡耐基带着雷斯又遇到了那位骑警。

这可糟了，卡耐基决定不等骑警开口就先承认错误。他说："警官先生，我愿意接受处罚，这下我没有借口了。"

可没想到的是，那个骑警反而温和地说："好说，我知道在没人的时候，谁都忍不住要带这么一条小狗出来散步。"

卡耐基回答："的确，但是这是违法的。"

"像这样的小狗大概不会咬伤别人吧？"警察反而为卡耐基开脱。

"不，它可能会咬伤松鼠。"卡耐基坚持道。

警察说："你大概把事情看得太严重了，这样吧，你只要让它跑过小山，到我看不到的地方去，这件事情就算了。"

快速而真诚地承认自己的错误，要比争辩有效得多。如果我们知道自己和对方出现了不可避免的矛盾，为什么不抢先一步说出自己的错误所在呢？听自己谴责自己不比被对方埋怨好受得多吗？

如果我们在被别人责备前，就迅速地找机会承认自己的错误，对方想对我们说的话我们已经替他说了出来，那他就没有什么可说了，这样，我们就有百分之九十九的机会获得他的原谅，正如那个骑警对我和雷斯那样。

愚蠢的人只会在和别人闹矛盾时，尽力地为自己所犯下的错进行申辩，而一个主动承认错误的人，却能让自己出类拔萃，并给对方诚恳和品德高尚的印象。

**怎样勇于承认自己的错误？**

1. 找到错误的根源。

知道自己犯错以后，我们都会恐惧，因为害怕被身边的人指责，害怕受到惩罚。但是犯了错就要付出代价，我们只有找到错误的根本原因，才可能找到解决方案，并让我们更加认清自己，正确地为自己的错误负责。所以出现问题时不妨细细梳理一遍，以找准自己的错误。

王超和别人打架，在反思自己做错的地方时，他怎么自我反思更好呢？

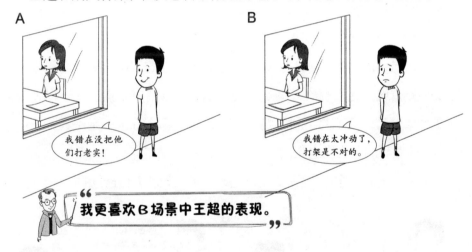

2. 用真诚的态度道歉。

既然已经决定承认自己的错误了，我们就需要态度真诚。敷衍的话语并不能让别人原谅我们，只能让别人觉得我们对自己所犯的错误并没有真正认识到，这样承认错误对双方无益，反而会带来更多的负面影响。真诚地承认错误，可以更容易得到别人的谅解，也能将错误的影响降到最低。

王超意识到自己的错误后,他怎么主动向张老师道歉更好呢?

> 我更喜欢B场景中王超的表现。

**3** 针对错误提出解决方案。

承认错误的时候,如果能针对问题提出合理的解决方案,就可以最大程度弥补错误。这些解决方案是需要仔细思考以后审慎提出的,以便最大程度地减少错误带来的不利影响。当然,这个解决方案一定是我们可以承受并且能做到的,否则也无用。

王超弄坏了爸爸的手表后,怎么道歉能最大程度赢得爸爸的原谅?

> 我更喜欢B场景中王超的表现。

## 5. 寻找共同的利益点

**交际问题知多少**

我是冬冬，上回一大早匆匆往学校赶，在校门口撞到了一个男生，我手里拿的豆浆洒了他一身，对方当时就发脾气了，他说他是四年级的亮亮，回头要找我算账。更难办的是，学校组织的跨年级交流会，我和这个亮亮还是一组的，要共同完成一篇学习心得，在班里跟大家说这件事的时候，小美听到了，她说她认识亮亮，让我下次见到亮亮提她的名字，那样就没事了，可是，这样能行吗？

**案例时间**

费城有位赛尔兹先生，是卡耐基讲习班的一位学员，他在讲习班接受过培训之后，觉得自己必须给公司里那些意志消沉、组织涣散的汽车推销员灌输一些热情和信心。

因此，他在公司召开了一次推销员会议，在会上，他鼓励他的员工们告诉他，希望从他身上得到些什么。在会议中，他把员工们提出的要求，都写在黑板上。然后他说："很好，你们想要的和我想要的，很大一部分是相同的，毕竟我们是处在同一环境的人。现在，我希望你们告诉我，为了实现这些共同的利益，在满足你们的要求时，你们能为之付出些什么？"

他很快就得到了员工们给出的答案,那就是忠诚、诚实、乐观、进取、合作和每天8小时的热忱工作。其中有的员工甚至愿意每天工作14个小时。这次会议的结果是,它让公司的每一个员工在工作中充满了新的朝气。赛尔兹先生后来告诉卡耐基:"会议之后销售额激增,公司业务蒸蒸日上。"

赛尔兹先生说:"我在精神上和他们做了一次交易。我对他们尽我所能,所以他们也尽了最大的力量,以实现双方共同的利益,那是他们非常愿意接受的。"

没有人喜欢被强迫去买一样东西,或是被人派遣去做一件事。我们都喜欢随自己的心意买东西,或按自己的意愿去做事。同时,希望有人跟我们谈谈我们的愿望、需要和想法。这时候,能够找到双方之间共同的利益点,无疑是一剂最有效的强心剂。

丘吉尔曾经说过:"世界上没有永远的敌人,也没有永远的朋友,只有永远的利益!"如果让对方觉得他与你有共同的利益,对方办事就会更积极主动,我们也会因此得到更好的结果。这就好比战场上同一个战壕的战友一样,战友之间有着共同的利益,同生死共存亡,每一个人都要勇敢地去战斗,才能取得共同的胜利。

**怎样和对方形成共同利益?**

① 找到你们之间的共同点。

找出你和对方的共同点,除了交流时能消除彼此的紧张感、敌对感之外,有时还可以为你带来意想不到的效果和收获。而寻找共同点的方法也很多，比如寻找共同的生活环境、共同的学习任务、共同的生活习惯等，从这些方面出发去交流，都可以使双方结成同盟。

冬冬见到亮亮了，为了减轻亮亮对自己的敌视，他怎么说更好呢？

我更喜欢B场景中冬冬的表现。

### 2 使对方知道好处。

人们做事都有自己的目的，关系再差的朋友，只要你能帮他实现想要的目标，他也会动心的。要想调动对方的积极性，让对方知道他能得到好处，得到回报，就要先告诉他具体的好处，并且适当证明一下自己所言非虚，以便让他信任你。让对方感觉到与你合作值得，你就能轻松自如地达成自己的目的了。

冬冬想让亮亮配合自己一起完成学习心得的写作，他怎么和亮亮说更好呢？

> 我更喜欢B场景中冬冬的表现。

### 3 避免过于牵强、突兀。

寻找共同利益时要与当时谈话的情景和思维相适应,不要显得过于牵强、突兀。如果你跟对方说:"真巧啊,我们都是亚洲人。"对方可能会认为你思维有问题;但如果你跟对方说:"听说你家原来住在××那边,真巧,我也是,听说那边现在环境不错。"对方可能会主动和你叙叙"家常",这样就为之后的关系打下了基础。

冬冬想和张老师套近乎,他怎么说更好呢?

> 我更喜欢B场景中冬冬的表现。

# 第六章 对象不同，相处原则要转换

## 1. 尊重父母和长辈

我是王超，最近真是越来越不想回家了，我知道爸爸妈妈关心我，但是他们事无巨细都要管着我，也太夸张了！再说他们说的也不一定都是对的吧，上次老师让叫家长，他们嫌我犯了错不及时跟他们说，但是跟他们说还不是被臭骂一顿，我才不说呢。现在我感觉和父母相处太累了，真是像我爸说的那样，怪我没大没小、不尊重他们吗？

身为美国著名心理学家和人际关系学家的卡耐基，却有着与生俱来的忧郁性格。他曾向朋友倾诉：烦恼将伴随我的一生。幸运的是，他的母亲生性乐观，百折不挠，卡耐基在童年时代受母亲的影响很大。

一次大水灾，洪水冲出了河堤，把农场所有的农作物冲得不见踪影。

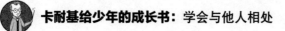

卡耐基的父亲绝望极了，而母亲却十分镇静，她哼着歌，将家园重新收拾好……

母亲一直对卡耐基寄予厚望，希望他好好读书。1904年，卡耐基就读于华伦斯堡州立师范学院。这时，家里已把农场卖掉，迁到学院附近。卡耐基负担不起市镇上的生活费用，就四处打工，以弥补生活费的不足。

可即便如此，卡耐基的母亲仍满心期盼着卡耐基能够学有所成，卡耐基也决心学习母亲的坚强、乐观，不辜负母亲的期望。他发现，学院辩论会及演说赛非常吸引人，是一个获得成功的好机会。但卡耐基没有演说的天赋，参加了12次比赛，屡战屡败。怀揣着对母亲的敬爱和对成功的执念，卡耐基没有放弃，他发奋振作，最终于1906年以一场名为《童年的记忆》的演说，获得了勒伯第青年演说家奖。

### 卡耐基如是说

我以前曾说过，唯一真实地对我们说出刻薄、侮辱、伤感情的话的人，都是我们的家人。作为子女，我们最常犯的错误就是以为家人给予的关爱是理所当然的，总是忽视了他们作出的牺牲，以及他们为让我们健康、快乐成长而付出的努力。

爱的基础是尊重。尊重父母、长辈，就是表达爱的最好的方式之一。家人本来就需要知道和感受到他们的孩子很爱他们。你可以在日常生活中养成一些小习惯，向他们回报足够多的拥抱和吻，并且尽可能多做，通过你有爱的、积极的态度，让他们感受到你的爱和尊重，并且为有你这样的家庭一分子而感到骄傲。

第六章 | 对象不同，相处原则要转换

**如何尊重父母和长辈？**

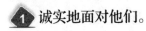 诚实地面对他们。

我们在与家人共同生活时，难免有事情做得不合理，很多人认为做错了就要瞒着父母，其实不然，当事情败露被发现的时候，我们反而会受到更多的责骂，还会给家人被欺骗、不被尊重的感觉。因此，不妨坦诚地告诉家人我们某些事情没做好，并且在家庭事务上诚实地表露内心的想法，及时沟通。

王超在学校犯了错，他回家后应该怎么和妈妈说？

2 承认他们的人生经验。

长辈的见识比我们要多得多，他们还能教给我们很多处世之道。虽然有时候，父母可能看起来过分严厉，但如果我们有困难，长辈还是会运用自己的人生经验帮我们渡过难关的。所以,当父母和长辈提出建议和意见时,要承认他们丰富的人生阅历,尽可能地相信他们、尊重他们,而不是一味地质疑。

王超总是忘记饭前洗手,面对妈妈的批评,他该怎么回应?

3 给予精神和生活上的关心。

真诚坦率的付出在任何时候都是令人愉悦的,力所能及的情况下,我们应尽可能地帮家人多做一些家务活,多和他们说说心里话;在父母、长辈心情不好的时候,及时地加以劝慰;在他们身体不适的时候,多加问候,拿药送水。贴心的举动更能让家人感受到你对他们的尊重、关心。

王超的爸爸感冒了,王超看到咳嗽不止的爸爸,怎么做更好呢?

## 2. 朋友间要"礼尚往来"

### 交际问题知多少

我是亮亮,自从上次和五年级的冬冬"不打不相识"之后,我们俩成了好朋友。下课了,冬冬常来我们班找我一起玩;他买了零食,也常和我对半分着吃;我不会做的题,冬冬也会告诉我解题思路。可是最近我发现冬冬有点躲着我,也不常找我玩了,难道是因为上次校庆的时候,冬冬让我帮他留个位置,我却忘了吗?

有一天，一个很久没有联系的朋友来找比尔，说感谢比尔以前帮过他一个忙，并且非要送给比尔一盆植物作为礼物。

其实比尔自己都记不起那件事了，而且从上班后，比尔就很少和这位朋友联系了。正要推辞、敷衍的时候，比尔突然想到了自己以前经历过的事。

以前刚开始工作的时候，比尔应聘了一个销售的职位，但是连续一个月，比尔都没有卖出去一件产品，就在快要山穷水尽的时候，比尔遇到了一位同乡，那是比尔眼中高不可攀的成功人士。

为了推销自己的产品，比尔硬着头皮打电话约他吃饭，本来都做好了被拒绝的心理准备，没想到对方却一口答应下来。他们约在一个小巷子里的小饭馆吃饭，结果业务谈成了，对方还提前把账结了。

从那以后，每到那位成功人士过生日的时候，比尔都会寄过去一份小礼物，表示心意。

想到这里，比尔收下了朋友送的那盆植物，接过来的时候，他明显感觉到对方松了一口气，神情也亲切自然了许多，接着比尔又约对方一起吃午饭，久违的友谊也慢慢复苏了。

### 卡耐基如是说

周围有好朋友的人，比四面楚歌的人不知幸福多少，友情给我们温暖和力量，让我们获得更多的幸福和快乐。想交朋友，从朋友那里获取友情，我们也同样要有所付出，因此交朋友有一点至关重要，就是有来有往。

凡事有来有往，才能巩固朋友之间的情谊，有的人老是想着占别人的便宜，自己有事的时候找人帮忙，别人有事的时候却百般推托，久而久之，就很难再有真心愿意帮忙的朋友了。同理，我们遇到只知道索取的朋友时，也要考虑这个朋友是否值得深交。友情就蕴藏在朋友间的来往之中，单方面的付出势必孤掌难鸣，礼尚往来感情的砖块才能垒成高墙。

**和朋友交往，怎样做到"礼尚往来"？**

**1 站在对等的位置。**

交朋友，首先要互相了解，立场相同，达成一致。只有站在对等的位置，才能维持友谊的长久。比如两个人所处的立场的对等，朋友之间馈赠的礼物的对等，彼此之间诉说的"秘密"的对等，等等。如果双方"心中那杆秤"称出的交情是对等的，友谊很大程度上能够长久地保持下去。

冬冬委婉表达了想让亮亮课间去找他玩的想法，亮亮该怎么回答？

### 2 达到双赢的目的。

朋友之间的互相交往可以说结成了一个利益共同体，若一方受损，那这个利益共同体就很容易解体。有时候，原本关系不错的朋友，因为某一件事不来往了，很大可能就是有一方损害了朋友的利益。所以，和朋友相处，要考虑自己做的，是不是朋友所需要的；自己将要做的，是不是朋友所期望的。

亮亮和冬冬各自所在班级都要参评"卫生模范"，亮亮想让自己的班级获胜，该怎么办？

我更喜欢B场景中亮亮的表现。

### 3 遵守彼此的承诺。

信任，是做朋友的基础和条件。失去朋友的信任很容易，只要有一两次办事不讲信用即可；得到并守住朋友的信任却很难，必须一次又一次遵守承诺。和朋友交往时，我们需要遵守自己的承诺，并在长期接触中，弄清楚朋友是什么样的人。只有彼此之间都讲究诚信，双方才能维持长久的友谊。

冬冬让亮亮在校庆的时候给自己留个位置，正好小美走过来了，亮亮怎么做更好呢？

## 3. 友爱同学，礼貌待师

**交际问题知多少**

我是壮壮，作为学生，学校成了我的第二个"家"，但是我的"家人"却有点少……因为我基本只和王超一起玩，我们俩成了别人口中的"连体婴"，形影不离。最近张老师找我谈话，让我和班里的其他同学友好相处，不要过于效仿王超的调皮捣蛋，我不想老师这么说王超，就和她顶嘴了。张老师十分生气，说我不懂得友爱同学，还喜欢顶撞老师，我该怎么做才对呢？

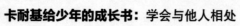

卡耐基13岁时，一位名叫尼克拉斯·梭得的教师住进了他家。这位老师让卡耐基了解了不少东西，视野大为开阔。

一天，卡耐基回到家中，打算像往常那样向梭得先生问好，在梭得先生的房间门口，一阵"嗒嗒嗒"的声音吸引了他。敲开门，他看见梭得先生正坐在键盘前，手指在不停地敲击，与之相应，桌上的屏幕竟显示出与书上一样工整的字来。

卡耐基小心翼翼地走近键盘，伸手按了一个键，马上又缩回来："真是奇迹，先生，您能告诉我这是怎么发生的吗？"

卡耐基的傻样引得梭得一阵大笑，但也正是从那天起，卡耐基礼貌的态度和强烈的求知欲博得了梭得先生的喜爱。工作闲暇的时候，他便给这个大男孩讲一些新鲜的东西。

卡耐基后来回忆说："我永远记得这位高瘦的大胡子老师，当时我觉得他的脑子里装满了无穷无尽的新东西，是他开辟了我生活的新天地，也启迪了我的智慧。"

虽然梭得先生在卡耐基家停留的时间非常短暂，而且他搬出去以后就杳无音信了，但卡耐基却一直怀念这位老师。

### 卡耐基如是说

我曾经说过，现代社会中没有人有耐心发现你，除非你表现自己。这句话可以给我们一些启示，如果你想要老师了解、关注你，就要和老师直接接触，增加交流的机会，给老师留下礼貌、大方的好印象。与老师距离的缩短、关系的亲密，可以间接提升你的学习动力。

我之所以受人欢迎，我之所以获得了快乐，是因为我懂得处理人际关系的技巧，而同学关系是人际关系中最基本的一种。如果习惯以自我为中心，或与同学关系不好，则容易产生忧虑、孤独感，进而影响身心健康。良好的同学关系能使人心情舒畅，提升学习效率。这正印证了心理学家的观点——合群会降低人的恐惧。

**应该如何与老师、同学友好相处？**

**1** 恭敬有礼地沟通，服从老师的教导。

老师将掌握的知识毫无保留地教给学生，作为学生，我们要尊敬老师，见到老师礼貌地打声招呼，恭敬有礼地对待老师。上课认真听讲，不破坏课堂纪律；把老师留的作业保质保量地完成；服从老师的教导；即便对老师的安排有不理解的地方，也要礼貌、委婉地发问。

壮壮不希望张老师过于贬损王超，他该怎么反驳？

## 2 摆脱个人主义，融入班集体。

在生活中如果太以自我为中心，势必难以融入集体生活。一味保持被家人宠爱的心态、集体活动以自我为中心、只顾及自己的需求和感受……这样的交往方式容易被同学孤立，不受集体欢迎。因此，跳出以个人为中心的思维方式，多着眼于他人的感受，才能成功和同学们打成一片，收获同学之间的友谊。

壮壮听进去了张老师的话，想要和其他同学多接触，他应该怎么做？

"我更喜欢B场景中壮壮的表现。"

## 3 勇于承认错误，不断完善自我。

在学校遇到问题时，有的人在明知自己犯错的情况下，不管是面对老师还是同学，嘴上绝不认错，与大家闹得很僵；有的人则逃避，心里担心受到批评责怪，便躲着老师和同学，这些都不利于与大家建立良好的关系。我们只要主动向老师、同学承认错误，及时改正，并且避免再犯，就会朝着更好的自己前进一步。

壮壮在帮助冬冬打扫教室的时候，不小心把拖把弄坏了，他该怎么做？

## 4. 和颜悦色地对待陌生人

### 交际问题知多少

　　我是小美,我的好朋友婷婷经常去夕阳红敬老院做义工,陪老爷爷老奶奶聊天说话,上次她还拉着我一起去,可是我信心满满地去却垂头丧气地回来。本来以为聊天说话没什么难的,可是敬老院的爷爷奶奶却都不喜欢和我说话,都拉着婷婷问长问短。婷婷说是因为我对爷爷奶奶太疏离了,距离感太强,可对着这么多陌生人,我也很紧张,我该怎么做啊?

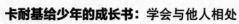

卡耐基曾鼓励班上的成员，花一个星期的时间，每天都对别人热情有礼，然后再回到班上来谈谈所得。对此，一位在纽约从事证券工作的学员威廉·史坦哈寄来一封信，信中写道：

"现在，我去上班的时候，会对大楼的电梯管理员微笑着说一声'早安'，跟大楼门口的警卫打招呼，跟出纳小姐聊天气，甚至跟交易所里那些以前从没见过的人微笑着点头示意。

"我很快就发现，每一个人对我也很热情。我以一种愉悦的态度，来对待那些素昧平生的人。来交易所的顾客常常有很多牢骚，而我一面安抚他们，一面真诚地倾听，于是问题就容易解决多了，我发现这种态度能带给我更多的收入。

"我跟一位很讨人喜欢的年轻人共用一个办公室，但之前我们很少说话，最近我开始告诉他我所学到的为人处世哲学，他很高兴听我说这些。他承认说，以前他认为我是个闷闷不乐的人，直到最近，他才改变看法，他说我真是个待人温和有礼的前辈。

"我现在已经改掉了对陌生人冷漠无礼的习惯，我只赏识和赞美别人，再不蔑视他人，而这真的改变了我的人生。我变成了一个完全不同的人，一个更快乐的人，一个更富有的人。"

看一个人的修养如何，就要看他对陌生人的态度。因为陌生人和你的利益不相关，对不相关者的态度取决于个人的素质、修养。对陌生人和颜悦色，是基本的礼貌，唯有和颜悦色地对待他人，才有可能得到热情的回应。

对他人热情、友好的处世态度，是我们获得朋友最快捷的方式。如果有人打电话给我们，我们也应该态度热情、友好，在刚接通电话的时候，就用热情亲切的语调说："嗨，你好！"纽约电话公司曾举办过培训电话接线员的培训班，他们要求受训人员要微笑着对电话那头说"很高兴为你服务"。据我所知，这种方式卓有成效。

### 如何和颜悦色地对待陌生人？

**1** 摆脱"身份优越感"。

生活中要避免太过强调"身份感"、捧高踩低，不能对身份地位比自己高的人面若春风，对待不如自己的人就脸若冰霜。同学之间不论成绩如何家庭条件如何，每个人都是平等的，我们应一视同仁。要学会换位思考，待人接物要有礼貌，平易近人，才能拉近和陌生人的距离。

做义工的桃桃不小心踩脏了小美的名牌鞋，面对穿着普通的桃桃，小美该怎么回应对方的道歉？

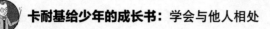

**2** 拿出尊重他人的态度。

尊重是相互的，你尊重别人，别人也会尊重你，和陌生人打交道也是如此。不可否认，和陌生人打交道时，彼此没有太多顾忌，一旦产生冲突，很容易一拍两散，能否建立长久的联系和友谊，就看双方是不是都能拿出尊重他人的态度了。

一位老奶奶拉着小美一直重复说着说过的话，小美应该怎么应对？

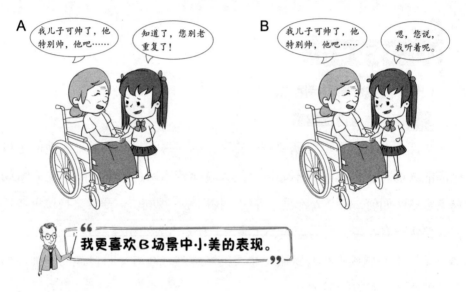

"我更喜欢B场景中小美的表现。"

**3** 营造自然轻松的氛围。

在和陌生人打交道的时候，要想办法消除对方的紧张感，因为你对他来说也是陌生的。有的人总是给人很强的距离感，这无疑是很大的社交障碍，所以我们要尽量平易近人，言谈举止自然，让人觉得轻松自在，从而营造一种舒适、愉快、友好的沟通氛围。这样的话，即便是陌生人，也能很好地与其相处。

敬老院组织义工表演节目，轮到小美时，她该怎么表现？

## 5. 善于发现"敌人"的优点

### 交际问题知多少

我是王超,马上期末考试了,张老师又开始对我"严防死守"了,三天两头地找我谈话,让我好好学习。我发现张老师越来越像"唐僧"了。对于我这个比喻,出乎意料,壮壮不仅没有支持我,还说我忘恩负义,一点也不理解张老师的苦心,看不到张老师身上的优点。咦,"敌人"也有优点吗?该怎么发现"敌人"身上的优点呢?

卡耐基给少年的成长书：学会与他人相处

19世纪末，美国西部的密苏里有一个坏孩子，他经常偷偷地把石头扔向邻居家的窗户，还曾经把死兔子装进桶里放到学校的火炉里烧烤，弄得到处臭气熏天，他就是卡耐基，小时候公认的坏男孩。

他9岁那年，父亲娶了继母，当时他们是居住在乡下的贫苦人家，而继母则来自经济条件较好的家庭。像所有孩子那样，卡耐基一开始对这位不速之客充满了敌意。

父亲对继母说："你要好好注意他，他可是全郡最坏的孩子，他让我头疼死了，说不定明天早晨他就会朝你扔石头，或者做出别的什么坏事，让你防不胜防。"

继母好奇地走近了这个仇视自己的孩子。慢慢地，当她对卡耐基有了了解之后，她说："他不是全郡最坏的孩子，而是最聪明的孩子，只是还没有找到发挥他聪明的地方。"继母很欣赏卡耐基，在她的引导下，他的聪明找到了发挥的地方。卡耐基大受感动，与继母之间的关系也缓和了。

卡耐基14岁时，继母给他买了一部二手打字机，并且对他说，相信他会成为一位作家。凭着这份激励的力量，卡耐基激发了自己的想象力和创造力，成了著名的作家、心理学家和人际关系学家。

**卡耐基如是说**

每个人的特质中大约有80%是优点或长处，而20%左右是缺点。愚昧的人常常只看到别人的不足之处，永远也瞧不见别人的长处和优点。"每滴水里都藏着一个太阳"，欣赏别人不仅能给人以抚慰、激励，还能化解敌意，让站在对立面的人感受到温暖，从而建立良好的关系。

威廉·詹姆斯说："人性中最深切的心理动机，是被人赏识的渴望。"发现和欣赏别人的优点，是一种风度。一个人如果嫉妒自己的对手，往往不会承认他的优点，只会不停强调别人的缺点进行自我安慰。所以，只有先欣赏自己，对自己有自信，才会去欣赏他人，否则自卑只会引发妒忌，尤其是对你的对手。

**如何发现对方的优点？**

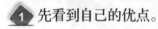 先看到自己的优点。

心理学上提出过"视网膜效应"，就是当我们自己拥有一件东西或一项特征时，就会比平常人更注意到别人是否跟我们一样具备这种特征。当一个人只知道自己的缺点是什么时，他就会发现身边也有许多人拥有类似的缺点。而一个能看到自己优点的人，才有能力看到他人的可取之处。

王超一大早来到学校，就遇到了张老师，他该怎么和张老师搭话？

A 张老师，一大早怎么就遇上您了！

B 我觉得我挺勤快，没想到老师更勤快！

"我更喜欢B场景中王超的表现。"

### 2 重新划分立场。

你和敌对方之间的那些恩怨,可以试着从大脑中清空一下。默默地告诉自己,现在,我正面对一个刚认识不久的人,我和他没有恩怨,我希望可以深入了解他,多了解他的优点;并且把"多了解优点"这一点在心里多默念几遍,留下深刻的印象。接下来呢,就是重新了解他的优点的时候了。

王超想要加入班里的数学小组,他该怎样和张老师谈报名?

### 3 放过对方的失误。

很多人在骨子里都带有纠错的潜意识,不过,任何事都有个度。看到别人犯的错而有纠错的冲动,是正常心理,但一旦揪住就不撒手,那就不正常了。纠错的结果,很可能得到的是对方更深的敌意。不如放过对方的错误,只有放过别人,才能放过自己,也才能给自己发现对方优点的机会。

张老师判错了题，少算了王超的数学分数，王超该怎么做？

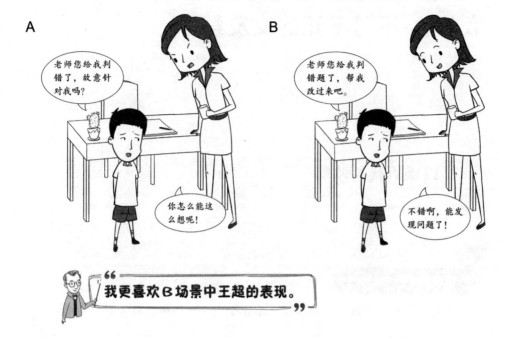

# 第七章 不可不知的交友禁忌

## 1. 以谦逊代替吹嘘

本人,亮亮,居然被学校评为"小小艺术家",作品放在校艺术馆展览,并且学校还要派我去参加市里的绘画比赛!我激动坏了,逢人就把我的这些开心事说一遍!不过,奇怪的是,大家最近好像有点躲着我,小美上次还警告我不要把绘画比赛搞砸了,让我谦虚一点。看着大家躲着我的样子,我意识到了问题所在,可是,怎么才能把心里想炫耀的这股念头按下去呢?

当富兰克林还是一个毛躁的年轻人时,有一天,一位老朋友把他叫到一边,尖刻地训斥了他一顿:"本,你真是无可救药,你已经打击了每一位和你意见不同的人。你的意见被你说得太有分量了,没有人承受得起。你的朋友发觉,如果你在场,他们会很不自在。你认为自己知道得很多了,没有人能再教你什么了，也没有人打算告诉你些什么，因为那样会吃力不讨好，而且会弄得不愉快。"

富兰克林的优点之一，就是他接受了那次教训。他明智地领悟到他的确是那样，也发觉他正面临着失败和社交失败。他决定要立刻改掉傲慢、吹嘘的毛病。

"我立下一条规矩，"富兰克林说，"我甚至不准自己在文字或语言上有太肯定的意见表达，比如'当然''无疑'等，而改用'我想''我假设''我想一件事该这样或那样'或'目前，我看来是如此'。当别人陈述一件事而我不以为然时，我决不立刻驳斥他或立即指正他的错误。我以谦虚的态度，来表达自己的意见，这样不但容易被接受，更减少了一些冲突。如果自己的意见是错的，也不会有什么难堪的场面；如果碰巧是自己说对的时候，更能使对方不固执己见，愉快地赞同我。"

### 卡耐基如是说

法国哲学家罗西法古说："如果你要得到仇人，就表现出比对方优越吧！但如果你要得到朋友，就让对方表现出比你优越。"我们必须谦虚，因为你我都没有什么了不起的，不要在别人面前吹嘘自己，使得人家不耐烦。我们要鼓励人们谈谈他们自己才对。

我们认为东方人谦谦君子，温文尔雅，而西方人则直言不讳，擅长雄辩，其实不论是什么人，傲慢的态度都会直接打击了他的智慧、判断力和自尊心。那样只会使对方反击，绝不会使他改变主意。谦虚些，谦和些吧，它不妨碍表达你的思想，也不妨碍表达你的意见，并且会帮助你从容做事，助你成功。

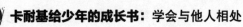

### 如何拥有一颗谦逊的心？

**1** 摆正自己的位置。

热衷吹嘘自己的人，大都把自己的位置摆得过高，但骄傲使人颓废。而只有认清自己的能力，摆正位置，才能客观、谦虚地与人相处，才能不断进步。正如巴甫洛夫说的那样："无论在什么时候，永远不要以为自己已经知道了一切。你永远要有勇气告诉自己，我是个毫无所知的人。"

假设校长给亮亮颁发了"小小艺术家"证书，亮亮该怎么发言？

## 第七章 | 不可不知的交友禁忌

### 2 寻求新境界、新目标。

满足于现状的人容易沾沾自喜，更容易夸大自己取得的既有成绩，就不容易保持谦逊。因此，只有你达到一个目标后，不一直停留在原地，继续向前看，设定新的目标，寻求新的境界，才能保持谦逊。打开视野，有利于我们看到更广阔的天地，并意识到自己的不足。

校长找到亮亮，通知他要去参加市里的绘画比赛，他该怎么答复？

### 3 正视别人的长处。

每个人都有每个人的长处，也有每个人的短处，我们不能自恃某方面优越就随便忽略、否认别人的优点。谦虚学习别人的长处，填补自己的短处，才能走得更远。与人相处时，不妨多请教别人，多说"请问""你怎么看"等句子，并将谦虚好学落实在行动上。

亮亮的爸爸为了提升亮亮的绘画水平，带他去参加绘画课，面对老师的示范作品，亮亮的哪种说法更好呢？

卡耐基给少年的成长书：学会与他人相处

"我更喜欢B场景中亮亮的表现。"

## 2. 再好的关系也得分清你我

### 交际问题知多少

我是婷婷，最近小美好像不怎么愿意和我玩了，之前明明都好好的，一起上学放学，课间一起玩，体育课也腻在一起，衣服穿一样款式的，文具随便换着用，就连周末我去敬老院做义工都叫着她。她可是我最好的朋友，我想多和她在一起玩，不是说好朋友就要不分彼此吗？可是为什么现在小美越来越抗拒我了呢？

## 第七章 | 不可不知的交友禁忌

案例时间

　　汉妮和莱文是大学同学，同班不同室。因为两个人同样有绘画的爱好，所以很快便走到一起，成了无话不谈的好朋友。

　　两人是系里有名的才女闺蜜，羡煞众人。可这段闺蜜情维持了一年多，竟因为一点小事便宣告结束，她们从此成了陌路人。

　　原因是汉妮总是愿意把什么事都跟莱文讲，家里的事，感情上的事，路边的小事，包括心里的各种小心思，统统都要讲给她听。慢慢地，汉妮聊的事情越多，莱文就越抗拒，她总觉得自己没有了自由，像是被汉妮的各种事包围和限制了一样。

　　有一次，莱文累了不想听汉妮一直说话，拒绝了汉妮，汉妮一下子变得很沮丧，认为莱文不关心自己。可是莱文听汉妮一直说一直说，又会感到非常痛苦，她感觉两个人在一起相处得很累。

　　汉妮认为，她把莱文当成最好的朋友，把不可能告诉他人的秘密都讲给莱文听，可是对方却总是表现出不耐烦的样子，这让她很伤心。

　　渐渐地，两个人的相处变得尴尬起来，最终她们结束了这段友情。她们的友情走到尽头不是因为其他，而是因为没有边界，汉妮没有把控好彼此之间的距离。

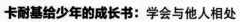

成功人际交往要遵循心理交往中的功利原则。这一原则建立在人的各种需要的基础上,即人际交往是满足人们需要的活动,也包括对自我空间的需要。如果太过把对方当成自己人,事事干涉,事事打听,不知不觉之中对方一定会感觉到束缚、压抑,并希望与你保持距离。

莎士比亚曾说:"最甜的蜜糖,可以使味觉麻木。"人际交往要有所保留,有些人常犯的一个错误就是"好事做到底",以为自己全心全意为对方做事、为对方着想,会让彼此的关系融洽、密切。事实上并非如此,因为人不能一味接受别人的付出,接受全天候的粘连。如果不给对方喘息的机会,就会让对方的心灵窒息;留有余地,彼此才能自由畅快地呼吸。

**怎样合理控制和朋友之间的距离?**

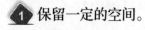

心理学家霍尔认为,人际交往中双方所保持的空间距离是人际关系的表现,研究发现,亲密关系(父母和子女、夫妻间)的距离为45厘米,个人关系(朋友、熟人间)的距离一般为45~121厘米。所以,即便是亲密无间的人,也需要相互尊重,并留给双方一定的空间,包括空间距离和心理上的空间。

周末了,婷婷应该怎样安排和小美的相处计划?

第七章 | 不可不知的交友禁忌

**2** 包容对方的不同。

"水至清则无鱼",每个人都有不完美和犯错的时候,也会有自己的个性,如果不分彼此,打着为对方好的旗号强迫别人改变,就会越界。这要求我们要有容纳意识,尊重差异,容纳个性,容纳对方的缺点。过分挑剔的人不会有朋友,如果没有容纳意识,迟早会将朋友关系推向崩溃的边缘。

小美没有穿和婷婷一起买的闺蜜装,婷婷怎么反应更好呢?

**3** 懂得运用距离效应。

距离效应是指由于时间等的阻隔,彼此间有了距离,一旦把距离缩短,重新相聚,双方的感情又变好了,这时,距离就成了情感的"保鲜剂"。因此,有时距离的存在也能给人以美的享受,即所谓的"距离产生美",不妨试着通过合理调控距离感,给友情加份"保鲜剂"。

看到小美有意疏远自己,婷婷应该怎么做?

我更喜欢B场景中婷婷的表现。

## 3. 别人的秘密是地雷,不要去踩

我是王超,最近除了和壮壮一起玩,我还和冬冬、亮亮他们走得挺近。前不久,我知道了一个特别劲爆的消息,转来我们班的冬冬,一年前居然生过大病!这还是我偷听张老师和冬冬妈妈说话知道的,虽然冬冬妈妈说冬冬已经痊愈一年了,早就没事了,可我听说他得的那个病没痊愈的话有一定可能会传染别人,我要不要告诉班里的其他同学?

杰瑞是一名出租车司机,在纽约街头的出租车司机中,他显得格外热情。除了帮客人提行李、开车门,他还会滔滔不绝地陪乘客聊天。

一直以来,杰瑞都没觉得自己的热情有何不妥,甚至还受到很多乘客的喜爱。一天,杰瑞接到了一位特别漂亮的女孩,他有意想和对方套近乎,便主动问好。女孩由于杰瑞接自己时周到的服务,对杰瑞印象也不错,不一会儿,两人聊了起来。

在交谈中,杰瑞开始像熟人一样和对方拉起家常来:"你从哪里过来的?"女孩回答说:"伦敦。"

"你今年多大了?"女孩没有正面回答,却说:"你猜猜看。"

杰瑞转而又问:"你结婚了吗?有男朋友吗?打算在这边待多久?"

女孩开始局促和不耐烦起来,看着路边的建筑说:"纽约比我上次来时要漂亮多了。"试图岔开话题。

但杰瑞依然热情地问东问西,后来,这位女乘客干脆一直保持沉默,任凭杰瑞问什么都不再答复,直到到达目的地下车。

杰瑞很是纳闷,难道自己这么热情还有错吗?

人与人之间需要一种平衡,就像大自然需要平衡一样。不尊重别人感情的人,最终只会打破平衡,引起别人的讨厌和憎恨。在我看来,尊重他人的隐私,是维系一段关系的必要条件。唯有这样做,我们才能满足对方想要人们在心目中保持美好形象的愿望,并且成全别人拥有和保护自己秘密的心理。

谁都不希望别人侵犯自己的隐私,我们并不会因为不打探别人的隐私而失去什么,相反,我们还从中收获许多珍贵的东西,比如感激、尊重、好感以及信任,等等。说到底,这就是一个互利互惠的人际交往过程,既然如此,何不加以注意,实现双赢呢。

### 怎样避免侵犯别人的隐私？

**1** 不随意打听秘密。

很多时候，在未经对方允许的情况下，我们谁也没有资格去打探别人的隐私，这是做人最起码的礼貌。我们在谈话中最好不要随便打听对方的年龄、家庭状况、学习成绩、内心情感等私事。否则，一旦提出一些对方不想回答的问题，那我们很有可能会自讨没趣，惹人厌烦。

体育课上，王超和冬冬一个组，他想询问冬冬的身体状况，怎么说更好呢？

### 2 保守他人的秘密。

有些人受到你的热心帮助或想和你拉近距离时，常会把心里的秘密告诉你。如果答应帮对方保守秘密，事后却告诉他人，导致一传十，十传百，往往会给当事人带来巨大的伤害，令信任自己的人彻底失望，甚至会触犯法律。因此，我们对于别人的秘密，务必要守口如瓶。

王超已经知道了冬冬曾经生过病的事情，他怎么做更好呢？

" 我更喜欢B场景中王超的表现。"

### 3 不随意搬弄是非。

当别人背后议论他人时或者你偶然知道某个人的秘密时，不可以随意参与或者透露自己知道的秘密。我们有时看不惯别人，是因为自身修行不够，但不能借背后搬弄是非、散播他人秘密来打击对方。这样会有损自己的品行，失去周围人的信任，还会使你和对方的关系恶化。

王超看到壮壮跟小美交头接耳议论冬冬，他该怎么办？

## 4. 不可随意迁怒于他人

### 交际问题知多少

我是冬冬，昨天真是倒霉，无缘无故在学校被找了一顿麻烦。王超不知道怎么知道了我以前生病的事情，跑来问我，还开玩笑说要告诉班里其他同学。放学回家后，妈妈叫我吃饭，我没胃口，可妈妈三番五次一直叫我，后来我冲妈妈发了好一通牢骚，我们两个为此大吵了一架。其实我自己明白，我是把心里的怒火转移到妈妈身上了，我这么做是不是很不好啊？

心理学上有一个著名的"踢猫效应",描绘的是一种典型的坏情绪的传染所导致的恶性循环:

某公司董事长为了重整公司事务,督促自己要早去晚归。有一天他为了早到公司,在公路上超速驾驶,结果被警察开了罚单,并因此耽误了时间,这位董事长愤怒之极。

他烦躁地来到办公室,冲着主任开始嚷嚷:"你最近的工作是怎么做的?为什么一直不见成效?再这样默默无闻下去,我就撤了你!"

主任被气得火气上涌,对正好走过来请示问题的行政主管发起了脾气:"大事小事都要我决策,要你干什么吃的!再这样下去,你就自动从我眼前消失!"

行政主管气不打一处来,看见正在复印文件的秘书,也忍不住了:"你到底会不会快一些?这么笨手笨脚的,当初就不该要你!"

秘书就这么被臭批了一顿,闷闷不乐地回到家。进屋一瞧,儿子正在房间里瞎捣鼓,玩具弄得满地都是,顿时来了气:"我说你这个败家儿子,哪天能不让我操心啊!我真是白养了你这么大!"

儿子满脸委屈,却不敢出声,站到客厅里,正好看见自己的宠物——大花猫,就朝它狠狠地踹了一脚,花猫被一脚踢出了窗外,成了最终的受害者。

## 第七章 | 不可不知的交友禁忌

学会控制情绪是我们成功和快乐的要诀。没有任何东西比我们的情绪,也就是我们心里的感觉更能影响我们的生活了。达尔文说:"人要是发脾气,就等于在人类进步的阶梯上倒退了一步。"处于情绪低潮中的人们,容易迁怒周遭的人、事、物,我们要做的是学会控制自己的情绪,不要把自己不好的情绪传递给那些与此事不相干的人。

迁怒有一个规律,即迁怒于比自己弱一些的人或物,迁怒于对自己没有多大威胁的对象,来寻求所谓的平衡,这其实是一种不正确的交际心理。迁怒并非息怒的良策,这样做的结果往往是旧怒未消,又添新愁,形成恶性循环。最好的办法是去化解自己内心的不平衡,不要把坏情绪传染给别人,因为那只会造成更坏的结果。

**怎样避免迁怒于他人?**

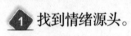

要想摆脱坏情绪,就要找到这些情绪的真正症结与根源所在,连根拔起,然后再用适当的宣泄方式作为辅助疗法。我们要重视自己的负面情绪,它给我们的身体、精神带来的影响是巨大的,重视负面情绪不是要重视负面情绪本身,而是要找到引起负面情绪的源头,去解决它,阻止它转移和传播。

课间休息的时候,亮亮来找冬冬玩,问冬冬为何愁眉苦脸,他怎么回复更好呢?

卡耐基给少年的成长书：学会与他人相处

### 2 划分生活单元。

将自己的生活划分成多个独立的单元。例如：跟父母或亲人吵架了，这属于家庭关系范畴，因此不管再怎么生气，也无权将情绪发泄到同学、朋友的身上，反之亦然。长此以往，你会发现每个人都处于不同的单元，形成习惯后，就不容易将一个人带给你的负面情绪转移给另一个人了。

冬冬放学后，面对妈妈几次三番叫他吃饭的催促，他该怎么回答？

### 3 转移注意力。

需要宣泄自己的情绪时，可以采用不影响他人的方法尽情发泄一番，也可以通过其他的活动转移自己的注意力。如想一些开心的事情、做一些适度的运动、阅读、写日记、听音乐等，将令你心情不好的事情想清楚、排解掉。

冬冬不想再为王超的事情烦心了，他怎么做更好呢？

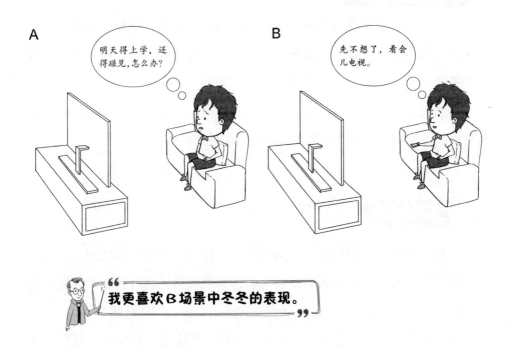

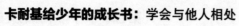

## 5. 永远不要选择报复

**交际问题知多少**

我是壮壮，最近我有了一个新同桌，他戴着眼镜，就知道学习，还特讨厌我，每次我不小心打扰到他，他就大声喊我"胖子"，搞得班里的同学都笑话我。上次课间我和王超在班里玩的时候，不小心撞掉了他的文具盒，他骂骂咧咧，一直嘟囔我，恨得我牙痒痒。我和王超商量了一下，要对他采取一些报复措施，但我心里又很忐忑，这样做对吗？

**案例时间**

卡耐基和乔治·罗纳曾有过书信往来。乔治·罗纳在维也纳当了很多年的律师，但第二次世界大战期间，他逃到了瑞典。当时他身无分文，急需一份工作。因为会好几种语言，他想在进出口公司担任联络专员。

不幸的是，绝大多数公司都回信告诉他，因为战争的缘故，他们暂时不需要这类员工，将来有需要再同他联系，诸如此类婉言拒绝的话。但是，有一个人却在回信中毫不客气地对乔治·罗纳说："你对我们的生意简直一无所知，即使我需要联络员，也不会雇你，你甚至连瑞典文也写不好，信里错误连篇。"

乔治·罗纳看到这封信时，简直气得发抖。为了报复对方，乔治·罗纳立刻开始写回信，精心措辞反击。但寄信前，他停了下来，对自己说："等一下，我这么做有什么意义呢？是去报复对方还是去闹笑话？而且我怎么确定这个人的指责是错的？我修过瑞典文，可那毕竟不是我的母语，也许，我真的哪里写错了。如果这样的话，我可得努力学习，不然别想得到一份工作了。这个人可是帮了我一个忙，虽然他本意并非如此，我应该写信感谢他一番。"

于是，乔治·罗纳撕掉了他刚刚写的那封骂人的信。另外写了一封感谢信。几天后，出人意料地，乔治·罗纳收到了那个人的回信，他请罗纳面谈，并给了他一份工作。

如果有人自私地占你的便宜，就把他的名字从朋友名单上画掉，但不要想着报复。当你一心想报复的时候，你对自己的伤害，比对那家伙的伤害更多。当我们恨我们的仇人时，就等于给了他们制胜的力量，那力量甚至让我们食不知味。如果敌人知道你正在用恨意折磨自己，令自己紧张疲惫，甚至影响心脏健康和寿命，他们一定会高兴得直拍手。

我们也许不能像圣人般去爱我们的仇人，可是为了我们自己的健康和快乐，我们至少要原谅他们，忘记他们，这样做实在是很聪明的事。有一次我问艾森豪尔将军的儿子约翰，他父亲会不会一直恨别人。"不会，"他回答，"我爸爸从来不浪费一分钟，去想那些不喜欢的人。"

卡耐基给少年的成长书：学会与他人相处

**怎样避免选择报复他人？**

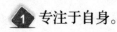 专注于自身。

原谅并且忘记敌人的有效方法是专注于自身，专心追求更远大的目标。如果一个人更注重自身的健康、情绪，专注于自己远大的目标，其他任何事情都无法吸引他的注意力，不管遇到怎样的侮辱或敌意，都不再重要。就像劳伦斯·琼斯所说的："我没时间争执，没时间后悔，也没人能够迫使我去憎恨谁。"

快考试了，王超建议壮壮故意影响同桌复习，他怎么回应更好呢？

2 和伤害自己的人保持距离。

让你一直感觉受伤的关系，是应该中止的，远离这样的人，更不要给对方再次伤害你的机会。没有底线的原谅，其实是放任对方去伤害你，对方非但不会感激，反而会更加放肆。因此，对于无法原谅、无法改变的关系，不如选择忘记，远离这段关系。

张老师想让壮壮的同桌多辅导壮壮，他应该趁机跟老师打小报告吗？

我更喜欢B场景中壮壮的表现。

**3** 站在高处宽恕对方。

"了解一切，就会宽恕一切，评判和谴责不再现身。"卡耐基认为，与其憎恨仇敌，不如怜悯他们，并且感谢上帝没有把我们变成他们那样的人。别再积累怨气报复敌人，站在可以原谅他们的高处，给予敌人理解、同情、帮助和宽容。

壮壮的同桌依然给壮壮起外号，他该怎么做？

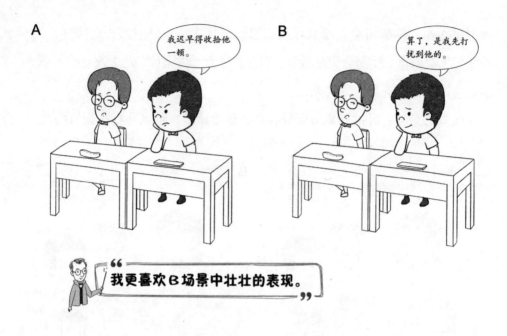

## 6. 不做一意孤行的"独裁者"

### 交际问题知多少

我是婷婷，我们班原来的体育委员生病休学了，张老师全权委托我帮忙从班里选出来一个临时的体育委员。不得不说，张老师真是信任我，她让我确定人选后直接告诉她就行了。其实，我挺想让小美做体育委员的，这样她和我关系就更好了。我想直接跟张老师说，这样可行吗？

凯瑟琳女士在一家食品公司上班,担任销售副经理的职位。她有着非常出众的工作能力,但也有一个非常显著的缺点,就是过度自信,凡事喜欢自己拿主意。

当她手下的员工提出不同意见时,总是会遭到她的无情否定:"不可以!这样做不行!"而且她会顽固地坚持自己的观点。

有一次,公司生产出一种新的食品,需要进行宣传推广工作。凯瑟琳作为销售部的副经理,决定向手下员工征集宣传方案,并在之后的研讨会上讨论这些方案。事关新产品的销售业绩,员工们都认真准备,加班加点,赶在研讨会之前上交了自己的方案。

但是到了研讨会上,凯瑟琳却"旧病复发",将那些与她观点不同的方案统统否决了。尽管大家觉得她太过独裁,轻视了他们的努力,但员工们因为都很熟悉她的脾气,知道再提什么意见也没有用,只能作罢,宣传方案还是被她一个人大包大揽了。

但没有想到的是,这次的宣传推广效果极其不好,几乎没有一点成效,给整个公司带来了巨大损失。上司大发雷霆,狠狠训斥了凯瑟琳一番,员工们苦于她的独裁统治,没有人愿意帮她说话,最终,她的销售副经理的位子也丢了。

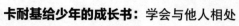

与人交往时要尽量让对方把自己的看法说出来，因为每一个人对自己的事或问题要比旁人清楚得多，听取别人的意见，顾及别人的感受，才能作出正确的决定。许多人，当他们想要别人赞同自己的意见时，就是话说得太多、太绝对了，所以给人独断专行的印象，反而达不到想要的效果。

对别人的意见要表示尊重，千万别说："你错了。"并且要少说"我认为""依我看"等，一味表达自己的看法。在与他人交谈时，即使我们不同意他人的意见，也不要阻止他人说话，因为这样只能起到相反的作用。所以要忍耐一点，并诚恳鼓励他人完全发表自己的意见。

**怎样作出公正合理的决定？**

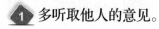

无论是谁，都不能保证自己的观点永远正确，如果听不进别人的意见，就有可能让自己走很多弯路。所以，我们应该多听取他人的意见，看到同一件事情的不同解决方法，并且考虑到身边人的想法和感受，从中选择最合适的一种。不管哪种情况，只顾自己的想法和意见，只会给人不快的感受。

婷婷要最终确定体育委员的人选了，她怎么做更好呢？

第七章 │ 不可不知的交友禁忌

### 2 多考虑事情的后果。

很多人一意孤行是因为相信自己有丰富的经验，不用再参考别人的意见，对自己盲目自信。实际上，一个人的思想很可能是片面的，与其为自己不周到的决定负责，不如在做决定之前，考虑到自己独断专行可能造成的后果，从而选择更谨慎、周全的做法。

婷婷去跟张老师汇报自己的想法，怎么表达更好呢？

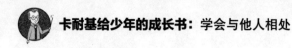

**3** 作出合理的判断。

多听他人意见,并不意味着事事都要按别人所说的去做。因为要做最终决定并为之负责的是你,别人的想法并不一定适合你。所以,这就要求我们要做一个有主见的人,综合参考他人的意见后,通过自己的思考、分析,取其精华,为我所用。

班里投票后,冬冬和王超两个人票数持平,婷婷该怎么做决定?

"我更喜欢B场景中婷婷的表现。"